电子商务类专业
创新型人才培养系列教材

U0689008

微课版
★
第3版

电子商务数据分析

大数据营销 数据化运营 流量转化

李志芳 赵跃民 安刚 / 主编　　郭志宇 秦晓 焦慧敏 / 副主编

人民邮电出版社

北京

图书在版编目（CIP）数据

电子商务数据分析 ：大数据营销　数据化运营　流
量转化 ：微课版 / 李志芳，赵跃民，安刚主编. -- 3版
. -- 北京 ：人民邮电出版社，2023.2
　　电子商务类专业创新型人才培养系列教材
　　ISBN 978-7-115-60322-7

　　Ⅰ. ①电… Ⅱ. ①李… ②赵… ③安… Ⅲ. ①电子商
务—数据处理—教材 Ⅳ. ①F713.36②TP274

中国版本图书馆CIP数据核字(2022)第200140号

内 容 提 要

　　本书主要从电子商务数据分析入手,系统介绍在电子商务环境下进行数据分析的各种思路和方法。全书共分为12个项目,主要内容包括大数据时代——初识电子商务与数据分析、数据分析利器——使用数据分析工具、寻找切入点——分析市场数据、知己知彼——分析竞争对手数据、决定客单价的关键——分析商品定价数据、精准引流——分析流量数据、提高销量——分析运营与销售数据、解决压货烦恼——分析库存数据、以客户为中心——分析会员数据、成果检验——分析利润数据、有理有据——制作数据分析报告,综合案例——分析男装网店数据。

　　本书内容丰富、实战性强,以数据化思维为导向,结合实战案例解读相关内容,不仅讲解了电子商务数据的收集方法,而且详细说明了如何分析和处理这些数据。通过对本书内容的学习,读者可以掌握电子商务数据分析的操作技能。

　　本书不仅可以作为高等职业院校电子商务及相关专业课程的教材,还可以作为电子商务相关从业人员的参考书。

◆ 主　　编　李志芳　赵跃民　安　刚
　　副主编　郭志宇　秦　晓　焦慧敏
　　责任编辑　白　雨
　　责任印制　王　郁　彭志环
◆ 人民邮电出版社出版发行　　北京市丰台区成寿寺路 11 号
　　邮编　100164　　电子邮件　315@ptpress.com.cn
　　网址　https://www.ptpress.com.cn
　　三河市祥达印刷包装有限公司印刷
◆ 开本：787×1092　1/16
　　印张：13.5　　　　　　　　　2023 年 2 月第 3 版
　　字数：314 千字　　　　　　　2025 年 6 月河北第 6 次印刷

定价：52.00 元

读者服务热线：(010)81055256　　印装质量热线：(010)81055316
反盗版热线：(010)81055315

前言
FOREWORD

我国电子商务的快速发展和在线购物的普及，使得越来越多的企业开始进入电子商务市场，电子商务这一现代交易形式也受到了更多人的关注。党的二十大报告指出："加快发展数字经济，促进数字经济和实体经济深度融合，打造具有国际竞争力的数字产业集群。"也表明未来经济中网络经济、数字经济、电子商务新业态的重要地位和作用。而对于电子商务运营人员而言，数据分析是电子商务交易中不可缺少的一项重要工作。电子商务要想顺利发展，就必须以科学有效的数据分析为引导和支撑。为了让读者更好地了解电子商务环境下的数据分析思路和方法，本书在第2版基础上进行了全新修订。

为了适应教学方式和电子商务行业发展所带来的变化，同时也为了使内容更加完善、数据时效性更强，本书在内容上进行了优化和调整，主要包括将章节式讲解方式调整为更便于实践的项目任务式讲解方式，对分析所用到的电子商务数据进行全方位的更新和替换，同时全书更加侧重数据分析的实操内容讲解，方便读者进行实操训练，并新增了大数据、数据分析工具等内容。

※ 本书特色

在对该课程教学方式、教学内容等方面多年调研的基础上，编者有针对性地设计并编写了本书，其特色如下。

- **引导案例**：每个项目均通过案例引出该项目主要讲解的内容。这种形式不仅能说明电子商务数据分析在实际工作中的作用，也能提升读者的阅读兴趣。读者可以通过案例大致了解该项目将要介绍的重点内容。

- **任务驱动**：每个项目安排若干个任务，其中前11个项目的每个任务由"任务概述""相关知识""任务实施"等栏目组成，最后一个项目的任务由"任务概述""任务实施"组成。每个项目从实际应用的角度出发，让读者不仅能够掌握解决问题的方法，还能学到相关的实用知识。

- **项目实训**：为了帮助读者充分理解和掌握每个项目的重点内容，本书特意编排了"项目实训"板块，旨在让读者学习相关知识后，能够进一步通过操作来掌握重点和难点内容。

- **思考与练习**：每个项目结尾设置了"思考与练习"板块，能让读者化被动为主动，在解答题目的过程中重温所学知识，主动掌握和巩固对应的知识点。

- **经验之谈**：此栏目主要帮助读者解决在学习过程中可能遇到的难点和疑点，也可以拓展相关知识，让读者学得更多、更深。

- **视野拓展**：此栏目从专业知识延伸到价值教育内容，能够帮助读者提高思想道德水平，培养良好的职业素养。

※ 本书内容

本书旨在帮助读者了解电子商务数据分析的重要性，使读者熟悉常用的数据分析工具，掌握电子商务数据的各种分析方法。全书共分为12个项目，全面系统地对电子商务数据分析进行了介绍，各项目内容分别如下。

- **项目一**：介绍电子商务、大数据、电子商务运营与数据及电子商务数据分析等内容。
- **项目二**：介绍若干在线数据分析工具和线下数据分析工具的使用方法。
- **项目三~项目五**：分别从市场数据、竞争对手数据和商品定价数据的角度出发，分析市场行情、挖掘行业数据、认识竞争对手、分析竞争对手数据、探讨商品定价策略、掌握商品定价方法等。
- **项目六~项目十**：分别介绍流量数据分析、运营与销售数据分析、库存数据分析、会员数据分析、利润数据分析等内容，具体包括网站流量分析、网店流量分析、网店交易数据诊断、网店运营数据分析、网店客单价分析、网店促销活动数据分析、电子商务库存及电子商务库存数据分析、会员数据统计与挖掘、RFM模型分析、成本数据分析、利润数据预测等内容。
- **项目十一**：主要介绍制作数据分析报告的相关知识，包括数据分析报告的主要内容、开设网店的数据分析报告的制作方法等。
- **项目十二**：通过一个综合案例介绍网店数据分析方法的综合运用，包括网店的选品、定价、引流、优化和利润计算等内容。

※ 本书资源

读者可以登录人邮教育社区（www.ryjiaoyu.com）搜索书名下载相关资源，包括素材效果文件、PPT课件、教学教案、教学大纲和练习题库等。

※ 编者团队

本书由山西财贸职业技术学院李志芳、赵跃民，北京博导前程信息技术股份有限公司安刚担任主编；山西财贸职业技术学院郭志宇、秦晓、焦慧敏担任副主编。

由于编者水平有限，书中难免存在不足之处，恳请广大读者批评指正。

编　者
2023年1月

目录
CONTENTS

项目一

大数据时代
——初识电子商务与数据分析

学习目标

- ◆ 了解电子商务的概念、功能、模式和特点。
- ◆ 了解大数据的特点、应用、采集方法和分析过程。
- ◆ 了解电子商务运营的目标和分类。
- ◆ 熟悉电子商务数据的分类与作用。
- ◆ 掌握数据分析的原因、意义、常用方法、常见指标和基本步骤。

素养目标

- ◆ 了解我国的大数据发展理念和发展战略，认识数据分析对于企业的重要性。
- ◆ 通过认识和了解数据分析，培养一丝不苟、认真负责的做事态度。

引导案例

华为技术有限公司（以下简称华为）是全球领先的信息与通信技术解决方案供应商。从本质上讲，华为与互联网企业不同，它属于传统企业，但为了应对全球业务和维持企业的良好运转，华为需要实施数字化转型。

就华为而言，所谓数字化转型，就是指在信息化的基础上，将作业、决策、管理、指挥均搬到线上，提升以客户为中心的业务体验，敏捷、快速地响应客户需求。

基于业务场景，华为提出了数字员工的概念，分解各业务角色，沿着整个作业流程系统进行梳理，将海量数据进行自动分析和处理，提高整个业务的效率。

基于数据，华为开始尝试构筑基于大数据的数据湖平台，将日志、物联网传感器等纳入数字化感知，并进一步增强对图像、语音、文字等对象的感知，采集并处理更加庞大的数据对象，为企业决策提供更加全面和准确的流量依据。

为了应对数字化转型中各式各样的挑战，华为探索采用场景、算法、算力、数据四位一体的方式，在华为云底座上基于数据湖、数据工坊和数据治理，提供智能运营、智能助手、智能机器人等一系列智能服务，全面打造华为的智能大脑。而这种四位一体方式的核心，就是强大的数据采集、处理和分析系统。这种系统能够将复杂的各类数据串联，构筑出可信、一致、及时的数据"底座"，然后采用大数据边缘计算、边缘整合、数据图谱等先进的计算方法构建统一的数据模型，将各个数据节点用人工智能衔接，在数据与数据链之上构建感知和智能，最终实现利用大数据来完成业务的智能运营。

得益于数据的帮助，华为不仅能够更好地开展企业内部的工作，还能够更轻松地开展各种电子商务活动，如利用数据来分析商品销售情况、客户喜好等。大家耳熟能详的"华为商城"就是华为的电子商务平台，客户可以在其中购买华为的各种商品，华为也可以在数据的帮助下为客户提供更好的购物体验。

从上述案例不难看出，即使强大如华为，也非常重视对数据的采集、处理和分析工作，努力实现企业的数字化转型，最终让数据更好地为企业服务，有效地提高企业的运营和管理效率。就电子商务而言，只有数据的有力支持，才能让企业获取更为有价值的信息，从而使企业实现良好的发展。

任务一 认识并体验电子商务

任务概述

20世纪90年代，电子商务就已经在我国出现了，经过30多年的发展，我国电子商务已经较为成熟。但是，许多人对电子商务的了解并不全面，本任务将从电子商务的概念、功能、模式、特点等角度出发，让大家理解并体验基本的电子商务活动。

相关知识

1. 电子商务的概念

联合国国际贸易程序简化工作组对电子商务的定义是：采用电子形式开展商务活动，它包括在供应商、客户、政府和其他参与方之间通过任何电子工具共享非结构化商务信息，并管理和完成在商务活动、管理活动和消费活动中的各种交易。

全球信息基础设施委员会电子商务工作委员会对电子商务的定义是：电子商务是运用电子通信作为手段的经济活动，通过这种方式人们可以对带有经济价值的产品和服务进行宣传、购买和结算。

通过上述两种定义我们不难看出，电子商务涉及两个最关键的内容，一是电子信息，二是商务活动。因此，我们可以将电子商务的概念进行适当简化：从某种程度上来说，电子商务指的是利用计算机技术、网络技术和远程通信技术等各种电子信息技术，实现整个商务过程中的电子化、数字化和网络化。

2. 电子商务的功能

电子商务可提供网上交易和管理等全过程的服务，包括内容管理、协同处理和交易服务等。总体而言，电子商务的功能主要包括以下3个方面。

- **内容管理**｜利用互联网传播信息，扩大企业的影响和服务能力，如宣传企业的品牌信息、供货信息、服务信息、商品信息和商业策略等。
- **协同处理**｜提供自动处理电子商务的业务流程，能够支持各种人员协调工作，如人力资源管理、通信管理、销售管理等。
- **交易服务**｜利用电子信息技术为企业开拓电子商务新市场，如电子商务订单管理、电子商务支付管理等。

3. 电子商务的模式

电子商务的模式也就是电子商务的类型，常见的电子商务模式主要有企业对企业（Business to Business，B2B）、企业对客户（Business to Customer，B2C）、客户对客户（Customer to Customer，C2C）、线上到线下（Online to Offline，O2O）等。

- **B2B**｜企业与企业之间通过互联网进行商品、服务及信息交换的活动，包括发布供求信息、订货及确认订货、支付、确定配送方案等。
- **B2C**｜企业直接面向客户销售商品和服务的商业零售模式，是我国最早产生的电子商务模式。
- **C2C**｜个人与个人通过电子商务平台实现买卖交易活动。
- **O2O**｜将线下商务的机会与互联网结合在一起，让互联网成为线下交易前台，通过搜索引擎和社交平台建立多个网站入口，将客户吸引到自己的网站中，再引流到当地线下实体店。线下实体店承担商品展示与体验的功能。

经验之谈

电子商务的模式还有企业对政府（Business to Government，B2G）、企业对团队（Business to Team，B2T）、企业对市场营销（Business to Marketing，B2M），以及代理商、企业和客户（Agent，Business and Customer，ABC）等。

4. 电子商务的特点

电子商务提供的虚拟化全球性贸易环境大大提高了商务活动的水平和服务质量，其特点归纳起来主要体现在以下几个方面。

- **以现代信息技术服务为支撑体系**｜电子商务的实施要依靠互联网、企业内部网络等计算机网络来完成信息的交流和传输，需要计算机硬件与软件技术的支持。
- **以电子虚拟市场为运作空间**｜电子虚拟市场是电子商务的运作空间，在这个空间中，生产者、中间商与客户以数字方式进行商业活动，创造数字化经济。
- **以全球市场为市场范围**｜电子商务的市场范围借助互联网技术拓展到全球市场，使得国际贸易进一步多样化。
- **以全球客户为服务对象**｜电子商务的服务对象包括不同年龄、不同职业、不同地域的全球客户，电子商务改变了人们传统的消费习惯。
- **以高效的信息反馈为运营保证**｜电子商务中的信息传递告别了以往迟缓、单向的特点，迈出了通向信息时代、网络时代的重要步伐，任何企业或客户都可以通过网络随时进行信息反馈与沟通。
- **以新的商务规则为安全保证**｜随着电子商务的不断发展与完善，各种新的商务规则也变得更加完善，如加密机制、签名机制、分布式安全管理、存取控制、防火墙和防病毒保护等，这些规则的应用充分保障了电子商务交易各方的利益。

任务实施

1. 探讨农村电子商务的发展与优势

到目前为止，我国电子商务经过多年的发展，已经形成了一个完整的产业体系，并通过创新和协调的发展方案渗透到人们生活的方方面面。

随着互联网技术的不断完善和相关技术的不断进步，越来越多的传统企业选择转型，积极走上电子商务发展之路。

纵观我国电子商务的整体市场，城市覆盖率极高。与城市相比，农村有较大的发展空间。未来农村电子商务将逐步走向标准化，在生产、包装、销售、运输等环节严格按照标准执行，为规模化发展铺平道路。

随着一系列有利于农村发展的国家政策的出台，电子商务在农村的发展步伐将更加有力。例如，很多地区将农村的农产品、手工艺品等优质商品与先进的媒体推广方式有机结合，以电子商务为平台进行销售，这不仅为农村经济的进一步发展贡献了力量，还为客户提供了更好的消费体验。

请结合电子商务的功能和特点，尝试进一步分析农村电子商务的发展与优势。

2. 重视电子商务安全问题

"购物返利"本是电子商务的一种模式创新，在这种模式下，返利平台通过为商家提供宣传推广的方式，让商家交纳部分佣金，即广告费。为了促进消费，返利平台转而把部分佣金返还电子商务平台购物的客户。这样，返利平台、客户、商家都能从中获得实惠，这本是皆大欢喜的事情。但在发展过程中，一些平台打着购物返利的幌子，不售卖商品而靠发展下线赚钱，这实际上是网络传销。参与购物返利的客户如果不引起重视，就容易上当受骗。

由此可见，虽然电子商务给人们带来了各种便利，但也有不法分子利用电子商务进行非法操作，从而给客户带来各种各样的安全问题，因此我们在参与电子商务活动时一定要保持警觉。

请根据自己在网上购物的经历，谈谈其中可能出现的安全问题及自己的应对措施。

 视野拓展

> 爱国、敬业、诚信、友善是社会主义核心价值观的一部分。在开展电子商务活动时，由于买卖双方存在不面对面交流和交易的情况，因此更需要坚守爱国、敬业、诚信、友善的价值观，以维护正常的市场秩序。

任务二 认识大数据

任务概述

大数据是互联网技术快速发展的产物，它是指无法在一定时间范围内用常规软件工具进行捕捉、管理和处理的数据集合，又称巨量资料、海量资料。现代社会每时每刻都会产生海量的数据，这些数据如果能够有效地汇集起来，我们就可以通过分析、挖掘等工作找到极具价值的信息，这也正是大数据带给我们的宝贵财富。本任务将通过介绍大数据的特点、应用、采集方法和分析过程，让大家更全面地了解大数据。

相关知识

1. 大数据的特点

大数据是海量、高速增长和多样化的信息资产，它具有数据体量大、数据类型多、数据产生速度快、数据价值密度低等特点。

- **数据体量大** | 个人计算机使用的一般是以GB或TB为单位的数据，而大数据则处理的是PB、EB级别，甚至是ZB级别的数据体量（1TB＝1 024GB，1PB＝1 024TB，1EB＝1 024PB，1ZB＝1 024EB）。

- **数据类型多**｜大数据的数据类型包括结构化数据、非结构化数据和半结构化数据。其中，结构化数据可以简单看作二维表格；非结构化数据包括图片、音频、视频等各种数据；半结构化数据是结构化数据的一种形式，但其结构更加复杂。
- **数据产生速度快**｜大数据的产生速度非常快，例如某些热点新闻刚一发布就会在1分钟内达到上万次的浏览量和转发量。
- **数据价值密度低**｜上述三大特点导致了大数据的价值密度较低，这就需要在采集到数据后，进行加工、处理和分析，以过滤无用的内容，提高数据价值，这也正是数据分析有必要进行的原因。

2. 大数据的应用

大数据的应用范围越来越广，几乎涉及生活的各个方面，下面仅列举大数据的几种应用场景，以期让大家对大数据在现代社会所起的作用有更深刻的理解。

- **电商大数据**｜电商行业可以利用大数据预测流行趋势、消费趋势、地域消费特点、客户消费习惯等，从而改善客户体验，提高销售业绩。
- **零售大数据**｜零售行业可以利用大数据对商品进行精准营销，降低营销成本，打造更受客户青睐的商品。
- **农业大数据**｜农业可以利用大数据预测和控制农牧产品生产，这样不仅能够提高产量和质量，还能有效降低不必要的成本。
- **金融大数据**｜金融行业可以利用大数据为客户设计更好的金融产品，对产品进行更有效的风险管控、精准营销，并提供有力的决策支持。
- **交通大数据**｜交通行业可以利用大数据了解车辆通行密度，合理进行道路规划，提升交通线路的运行能力，降低交通事故的发生概率。
- **教育大数据**｜教育行业可以利用大数据了解教师与学生的教学情况，从而优化教育机制，提高个性化教学质量，充分挖掘学生的兴趣，发挥教师的教学特长。
- **医疗大数据**｜医疗行业可以利用大数据收集大量的病例和治疗方案，以及病人的基本特征，从而建立针对疾病特点的数据库，医生在诊断病人时便可以利用疾病数据库快速制定准确的治疗方案。
- **生物大数据**｜生物行业可以利用大数据将人类和其他生物体基因分析的结果进行记录和存储，利用基于大数据技术的基因数据库来研究基因技术，从而预防疾病、改良农作物、消灭害虫等。

3. 大数据的采集方法

要想采集大数据，首先要知道大数据的数据来源，针对不同的来源，大数据的采集方法也有所区别。

- **物联网系统数据的采集**｜物联网系统的数据大部分是非结构化数据和半结构化数据，采集的方法主要包括报文和文件两种。报文是根据用户设置的采集频率进行数据传输，并将数据信息自动存放到消息总线中实现采集；文件则是通过各种物联网设备连续不断地发送数据，并自动形成一个或多个文件来实现采集。

- **互联网系统数据的采集**｜互联网系统是另一个重要的数据采集渠道，整个互联网系统涵盖了大量的数据，并且这些数据大都经过了相关平台的过滤，因此其价值密度相对更高。目前，针对互联网系统数据的采集通常是通过网络爬虫工具来实现的，例如可以通过Python或Java语言来完成爬虫工具的程序编写，通过在爬虫上增加一些智能化的操作，将非结构化数据从大量的网页中抽取出来以结构化的方式存储，或直接存入本地数据库中，以实现自动采集工作。当然，我们也可以通过复制粘贴或平台提供的下载、导出等功能来实现数据的采集。

4. 大数据的分析过程

大数据的分析过程通常包括数据采集、导入、预处理、统计分析、展现等步骤。在合适工具的辅助下，从数据仓库中选择需要的数据，通过融合、取样等变换操作将初始数据按一定的标准存储下来，然后通过各种数据分析技术挖掘数据对象，抽取其中有价值的信息，接着对信息进行聚类处理，最后提取信息，选择可视化认证等方式将结果展示给终端用户。整个过程大致如图1-1所示。

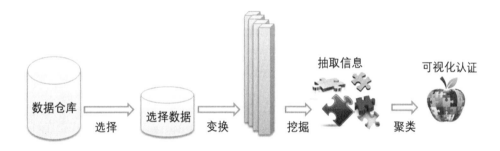

图1-1｜大数据分析过程

概括来看，大数据分析过程可以归纳为数据抽取与集成、数据分析、数据解释与展现3个步骤。

（1）数据抽取与集成

数据抽取与集成是大数据分析的第一步，从抽取的数据中提取关系和实体，经过关联和聚合等操作，按照统一定义的格式对数据进行存储。其中，基于物化或数据仓库技术方法的引擎、基于联邦数据库或中间件方法的引擎和基于数据流方法的引擎均是现在主流的数据抽取与集成方式。

（2）数据分析

数据分析是大数据处理的核心步骤，在决策支持、商业智能、推荐系统、预测系统中应用广泛。在获取了原始数据后，将数据导入一个集中的大型分布式数据库或分布式存储集群，进行基本的预处理工作后，根据需求开始对原始数据进行分析，例如数据挖掘、机器学习、数据统计等。

（3）数据解释与展现

完成数据分析后，需要使用合适的、便于理解的展示方式将正确的数据处理结果展示给终端用户。其中，可视化和人机交互是数据解释的主要技术。

任务实施

1. 使用八爪鱼采集器采集数据

某企业打算在成都地区租用一间民房作为员工出差的临时住所，为了了解该地区的租房情况，企业将利用八爪鱼采集器来采集数据，其具体操作如下。

（1）登录八爪鱼采集器。下载并安装八爪鱼采集器，双击桌面上的八爪鱼采集器启动图标，在打开的登录窗口中输入账号和密码（没有账号可在该窗口中注册），单击 登录 按钮登录八爪鱼采集器。

（2）选择采集任务。打开八爪鱼采集器的操作窗口，将鼠标指针移至左侧的"新建"按钮 上，在自动打开的下拉列表中选择"自定义任务"选项。

（3）访问网页。通过浏览器软件访问58同城的租房页面，将城市切换为"成都"。

（4）复制网址。将浏览器中的网址复制到八爪鱼采集器的"网址"文本框中，单击 保存设置 按钮，如图1-2所示。

图1-2 | 新建任务并复制网址

（5）识别数据。八爪鱼采集器将访问该网页，开始自动识别网页数据，并显示识别进度。识别完成后，页面下方将显示要采集的字段和数据。

（6）生成采集设置。在"操作提示"面板中依次单击 生成采集设置 按钮和"保存并开始采集"超链接，如图1-3所示。

（7）启动本地采集。打开"请选择采集模式"对话框，单击"本地采集"栏下的 立即启动 按钮执行本地采集操作，如图1-4所示。

（8）采集数据。八爪鱼采集器将开始逐页采集数据，并显示采集状态和采集到的数据量。

（9）停止采集。当采集的数据量达到要求后，可单击右上角的 ■ 停止 按钮，并在打开的对话框中单击 导出数据 按钮，如图1-5所示。

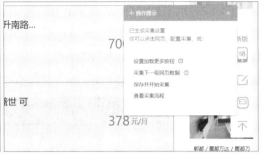

图1-3 | 生成采集设置并准备采集

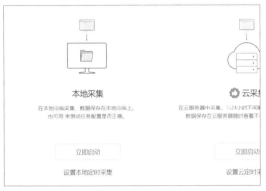

图1-4 | 以本地采集的方式采集数据

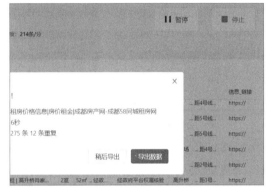

图1-5 | 停止采集并导出数据

（10）去除重复数据。八爪鱼采集器如果采集到重复的数据，将弹出提示对话框，询问是否去除重复数据。单击 去重数据 按钮，如图1-6所示。

（11）设置导出方式。打开"导出本地数据"对话框，单击选中"Excel(xlsx)"单选项，单击 确定 按钮，如图1-7所示。

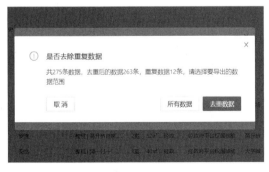

图1-6 | 去除重复数据

图1-7 | 设置导出方式

（12）保存数据。打开"另存为"对话框，设置数据导出文件的保存位置和文件名称，单击 保存(S) 按钮。

2. 体验数据的分析过程

对于采集到的数据，可以利用Excel进行处理和分析，得到自己需要的信息。下面便接着前面的操作，利用Excel简单分析成都地区的租房情况，其具体操作如下。

微课视频

体验数据的分析过程

（1）删除字段。打开"成都租房信息.xlsx"素材文件（配套资源：素材\项目一\任务二\成都租房信息.xlsx），按住【Ctrl】键的同时，依次单击A、B、C、E、F、G、H、J、K、L、M、N列的列标，在其中任意列标上单击鼠标右键，在弹出的快捷菜单中选择"删除"命令，如图1-8所示，将所选字段删除。

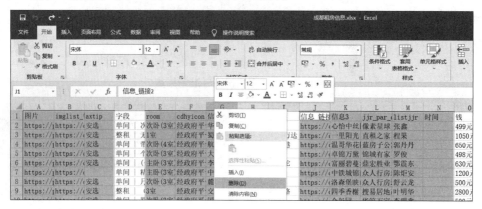

图1-8｜删除字段

（2）插入列。在B列列标上单击鼠标右键，在弹出的快捷菜单中选择"插入"命令。

（3）设置字段名称。选择B1单元格，输入"出租方式"，设置新插入列的字段名称。

（4）输入函数。选择B2单元格，在编辑栏中输入"=LEFT(A2,2)"，按【Ctrl+Enter】组合键确认，表示提取A2单元格左侧的2个字符，如图1-9所示。

（5）填充函数。双击B2单元格右下角的填充柄，为该列下方所有包含数据的连续的单元格填充函数，快速提取A列所对应行的数据，如图1-10所示。

图1-9｜使用函数提取文本

图1-10｜快速填充函数

（6）复制函数。保持当前单元格区域的选中状态，按【Ctrl+C】组合键复制，然后单击【开始】/【剪贴板】组中的"粘贴"按钮下方的下拉按钮，在打开的下拉列表中选择"选择性粘贴"选项，如图1-11所示。

（7）设置粘贴方式。打开"选择性粘贴"对话框，单击选中"数值"单选项，单击 确定 按钮，如图1-12所示。这样提取的数据就不会因为原数据的变动而变动了。

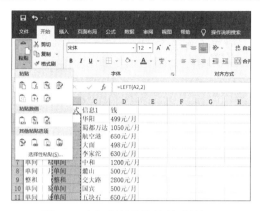

图1-11 | 复制并选择性粘贴数据

图1-12 | 将数据粘贴为数值

（8）删除列。在A列列标上单击鼠标右键，在弹出的快捷菜单中选择"删除"命令。

（9）修改字段。分别选择B1和C1单元格，将其内容修改为"地点"和"月租金/元"。

（10）查找和替换数据。按【Ctrl+H】组合键打开"查找和替换"对话框中的"替换"选项卡，在"查找内容"下拉列表框中输入"元/月"，单击 全部替换(A) 按钮，如图1-13所示，将表格中所有"元/月"文本替换为空，即删除这些文本。

（11）完成替换。在打开的提示对话框中单击 确定 按钮，如图1-14所示。

（12）增大列宽。拖曳鼠标选择A列至C列列标，然后拖曳列标与列标之间的分隔线，增大所选列的列宽。

图1-13 | 设置查找和替换的内容

图1-14 | 替换所有数据

（13）筛选出租方式。保持单元格区域的选中状态，在【数据】/【排序和筛选】组中单击"筛选"按钮 ，然后单击"出租方式"字段右侧出现的下拉按钮 ，在打开的下拉列表中取消选中"单间""独栋""合租"复选框，单击 确定 按钮，如图1-15所示。

（14）筛选月租金。单击"月租金"字段右侧出现的下拉按钮 ，在打开的下拉列表中选择【数字筛选】/【介于】命令。

（15）输入条件。打开"自定义自动筛选方式"对话框，在"大于或等于"下拉列表框右侧的文本框中输入"2000"，在"小于或等于"下拉列表框右侧的文本框中输入"4000"，单击 确定 按钮，如图1-16所示。

图1-15 | 筛选出租方式

图1-16 | 自定义自动筛选方式

（16）筛选地点。按相同方法单击"地点"字段右侧出现的下拉按钮，在打开的下拉列表中根据实际需要单击选中需要的地点对应的复选框（或撤销选中不需要的地点对应的复选框），然后单击 确定 按钮，如图1-17所示。

（17）完成筛选。此时表格将显示指定地点以整租方式出租的房源对应的月租金数据，该企业就可以根据这些数据对成都地区相应地点的整租房源价格进行大致的了解，如图1-18所示（配套资源：效果\项目一\任务二\成都租房信息.xlsx）。

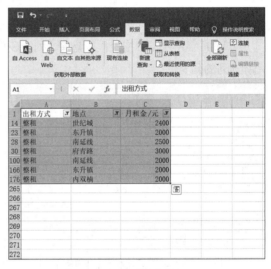

图1-17 | 筛选地点

图1-18 | 查看筛选结果

任务三 认识电子商务运营与数据

任务概述

运营就是对运营过程的计划、组织、实施和控制，是与生产和服务密切相关的各项管理工作的总称。运营战略是企业必须考虑的经营战略，对电子商务企业而言更是如此，因为电子商务依托的大数据环境要求企业及时调整运营战略，以适应不断变化的市场行情。本任务将带大家重点了解电子商务运营的目标和分类，以及熟悉电子商务数据的分类与作用。

相关知识

1. 电子商务运营的目标

互联网、移动互联网行业的竞争越来越激烈，商品功能差异越来越小，因此运营的差异化就成为一个重要的核心竞争力来源。在差异化运营的基础上，电子商务运营的核心目标为增加新客户、留住老客户和提升客户活跃度。

- **增加新客户**｜对于电子商务而言，增加新客户是至关重要的，新鲜血液的融入能有效弥补客户的流失。企业通过运营增加新客户的手段和途径有很多种，如投放广告、策划活动，以及制造具有传播性的话题和事件等。

- **留住老客户**｜互联网和移动互联网上的客户忠诚度较低，即客户对所使用的商品的惯性越来越弱，其根本原因在于同类商品的数量越来越多，可供选择的余地越来越大。实际上，留住老客户的难度比增加新客户的难度更大。要想留住老客户，商品质量与价格、客户体验和会员管理等都是需要重视的方面。

- **提升客户活跃度**｜想让客户愿意更加频繁且主动地购买商品，企业可以搭建客户模型、勾勒出客户画像，通过分析客户数据，完善客户激励机制，有针对性地激活和召回老客户。

2. 电子商务运营的分类

根据运营对象的不同，电子商务运营可以分为市场运营、客户运营、内容运营、商品运营等常见类型。

- **市场运营**｜目前无论是互联网还是移动互联网，网店开展的各种活动都属于市场运营的范畴，其目的一是促进销售，二是提高市场占有率。

- **客户运营**｜客户运营不仅可以提升客户活跃度、增加客户满意度，还可以通过收集客户反馈，为企业下次的商品优化做准备。

- **内容运营**｜内容运营一般出现在社交类、视频类、新闻类、教育类和旅游类等媒体、网站或手机App中。这种运营往往依靠优质的内容吸引流量、获取关注。内容可以来源于个人原创、经验分享、编辑采集、二次原创及整理汇总等。

- **商品运营**｜商品运营以商品为导向，其目的是推广与维护商品，体现为各种App、微信公众号和小程序中的商品广告等。

3. 电子商务数据的分类与作用

电子商务数据是电子商务运营的重要参考信息。了解电子商务数据，能够为运营提供强有力的战略支持。

（1）数据的分类

电子商务中的常用数据分为两类，即数值型数据和分类型数据。

- **数值型数据**｜数值型数据是由多个单独的数字组成的一串数据，是直接使用自然数或度量单位进行计量的具体数值。如支出600元、好评率96%、销售量15 680个、重量3千克等，这些数值就是数值型数据。
- **分类型数据**｜分类型数据指反映事物类别的数据，如反映商品类型、地域、品牌类型、客户性别等的数据。

（2）数据的作用

数据与我们密切相关，它的作用是多种多样的。就电子商务而言，数据在诊断方面和预测方面的作用尤为突出。

- **数据的诊断作用**｜数据有助于找出问题的来源和解决方案，如企业通过商品名称的搜索量判断商品名称是否有利于搜索引擎抓取，通过浏览时间长短判断网店页面是否有利于浏览和是否给客户提供良好的浏览体验等。
- **数据的预测作用**｜企业可以利用数据进行预测，对商品或活动做出合理的判断，如企业通过电子商务网站中某种商品的关键词搜索量来预测该商品的销量等。

👤 任务实施

1. 体验电子商务运营的基本工作

下面我们跟随负责网店运营工作的小王，体验电子商务运营的基本工作，然后思考并回答问题。

小王一大早就到了公司，他首先要做的就是统计与分析网店昨天的数据，主要是销售数据、流量数据、推广数据等，具体包括客单价、总成交用户数、总成交金额、转化率、真实转化率、网店总浏览量、网店总访客量，以及各种推广商品的浏览量、访客量、成交金额等。

统计数据后小王发现，前天的销售数据是47 589.21元，昨天的销售数据只有34 699.78元，销售数据降低了近13 000元。考虑到网店的销售数据受流量、转化率和客单价3个指标的共同影响，因此他开始重点对这3个指标进行分析，以便找到销售数据突然降低了这么多的原因。

小王首先查看流量数据，看看是不是网店的搜索流量减少了，或者付费推广流量减少了。经过一番仔细检查，小王确定问题并不是出在流量上。另外，网店商品的种类和定价在近一段时间也没有太大的变化，因此客单价一直比较稳定，所以他把注意力集中到了转化率这个指标上。

经过排查，小王发现一款畅销商品的转化率急剧下降，然后他集中精力分析该商品转化率下降的原因，终于发现了问题：该商品的评价中有一条差评被推到了评论区的首位，这将影响其他客户看到评价后对商品的印象。因此，小王马上联系客服人员，要求他们积极邀请未评价的客户在评论区留下好评。

完成每天的数据统计与分析工作后，小王又着手处理订单的问题，如查看昨天的订单是否全部发出，哪些订单在揽收或中转时超时，有没有未处理的投诉订单，有没有发票申请快到期的订单等。

紧接着，小王对客服数据进行处理，分析每名客服人员的接待客户数、转化率、响应时间等，及时了解客服人员的工作情况。如果发现某名客服人员昨天的转化率有明显降低，则需要立刻查看他与客户的聊天记录，看看是哪里出了问题，找到客户疑惑的关键点，从实体商品、网店详情页等角度有针对性地处理，以提高转化率。

由于网店参加了平台的一些付费推广活动，所以小王还需要查看和分析这些活动的推广数据，看看有没有异常数据，进而对异常数据进行分析，找到原因并解决问题。

（1）小王的电子商务运营工作主要包括哪些内容？

（2）小王排查流量数据时如果发现搜索流量减少了，那么他应该做哪些运营调整？

（3）假设小王排查流量、转化率和客单价3个指标后仍然没有发现问题，那么他应该从其他哪些因素入手排查销售数据下降的原因？

2. 体会电子商务数据的作用

我们知道电子商务数据的作用体现在诊断和预测这两个方面，下面便通过艾瑞指数平台体会其作用。具体操作如下。

（1）访问网站。启动计算机中的浏览器，在百度搜索引擎中搜索"艾瑞指数"，单击进入艾瑞指数的官方网站。

（2）选择指数类型。在首页中选择"PC Web指数"选项，单击 <u>查看详情</u> 按钮。

（3）指定数据类型。在打开的网页中选择某种需要查看的数据类型，这里将鼠标指针移至"电子商务"选项上，在自动打开的下拉列表中选择"网络购物"选项，在系统提示下完成登录。

（4）查看指数情况。此时将显示热门购物网站的月度覆盖人数（每月访问网站的人数）和环比增幅情况。若要查看某个网站的详细数据，可单击该网站选项右侧对应的 <u>详情</u> 按钮，如图1-19所示。

图1-19｜查看指数情况

（5）查看详情。这里查看淘宝网的月度覆盖人数详情，此时网页中将显示该网站近一年的月度覆盖人数详情，如图1-20所示。

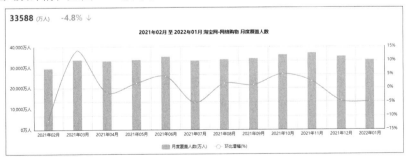

图1-20｜查看所选网站指数详情

（6）查看人群构成情况。滚动鼠标滚轮，还可以在网页下方查看月度覆盖人数对应的性别构成和年龄构成，如图1-21所示，此时就可以根据这些数据诊断网站的问题。例如，若认为36～40岁的人群占比较少，则可以针对该人群的特点重新设计合适的页面风格和浏览方式等，这就是数据在诊断方面作用的一种体现。

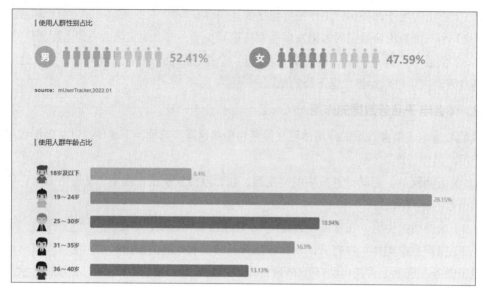

图1-21｜查看人群构成情况

（7）对比数据。关闭该网页，回到前一个页面，在其中还可以比较多个网站的数据情况，只需单击选中网站名称左侧对应的复选框，然后在自动打开的"网站对比"对话框中单击 对比(2/5) 按钮，如图1-22所示。

图1-22｜选择对比分析的网站

（8）查看数据。在打开的页面中可查看所选网站的月度覆盖人数对比情况；若想对比变化趋势，可在"网站对比"下拉列表框中选择"趋势对比"选项。

（9）趋势对比。打开的页面中会同时显示所选网站近12个月的月度覆盖人数及其变化趋势，如图1-23所示，我们通过变化趋势就可以在一定程度上预测未来一段时间的数据，这就是数据在预测方面作用的一种体现。

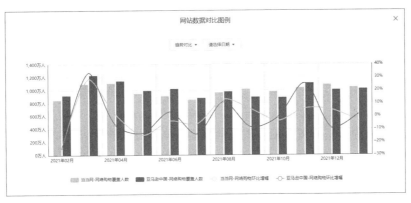

图1-23 | 查看所选网站趋势对比情况

任 务 四 认识电子商务数据分析

任务概述

电子商务的最大特点就是可以通过数据来监控和改进企业的运营和管理。通过数据，企业可以明确客户从哪里来，如何组织商品实现更好的转化，如何提高投放广告的效率等问题。本任务将介绍电子商务数据分析的基础知识，帮助大家更好地理解为什么电子商务运营应该充分借助数据来开展工作。

相关知识

1. 开展数据分析的原因

电子商务企业除了需要关注商品的整体数据外，更需要关注各种数据所反映的问题。这里的数据包括电子商务行业的整体数据、网站运营数据、客户数据、各种转化率数据及广告投放数据等。

在实体市场中，市场、客户和商品等各个方面的情况通常通过市场调研等手段来进行收集和整理。而在电子商务环境中，这些信息都可以通过数据分析来获取。利用好数据分析，有助于企业在激烈的市场竞争中站稳脚跟。

2. 数据分析对不同电子商务岗位的意义

从运营的角度来看，电子商务中的岗位很多，比较有代表性的是推广、客服和采编。其中，推广人员的主要工作是利用数据分析了解不同地区、不同年龄群体的行为偏好，在此基础上开展推广工作；客服人员的主要工作是与客户交流，解决客户的问题，向客户推荐商品，收集客户的需求和对商品的建议，提高客户满意度；采编人员的主要工作是采集、编辑并传递商品信息，以减少咨询成本、提升商品品牌形象、提高转化率等。这些岗位都是电子商务运营中必不可少的，它们或多或少都会涉及数据分析的工作环节。

- **推广类岗位的数据分析** | 推广类岗位主要是收集市场信息并进行整理与分析，提出

可行的市场推广方案，做好市场推广预算，控制活动成本，再根据收集到的信息进行市场推广活动的效果评估，进一步调整市场推广方案。

- **客服类岗位的数据分析**｜客服类岗位主要是客服人员对客户提出的疑问与建议做出响应，收集客户的需求和建议，并在销售过程中分析客户的购买信息，为客户推荐合适的商品。

- **采编类岗位的数据分析**｜采编类岗位主要是商品信息采编人员通过数据分析出网店首页浏览量、商品详情页浏览量、商品销量等信息，找到客户的喜好，从而设计出更容易让客户觉得舒适的页面效果。

3. 数据分析的常用方法

相关人员在分析数据时，可以根据对数据的不同需求，利用不同的方法来挖掘数据价值，如直接观察法、AB测试法、对比分析法、转化漏斗法、七何分析法、杜邦拆解法等。

- **直接观察法**｜直接观察法指借助各种电子商务平台和工具的数据分析结果，直接观察出数据的发展趋势，找出异常数据，对客户进行分类等。凭借这些数据分析结果，我们可以直接获取数据价值，有效提高信息处理的效率。

- **AB测试法**｜在电子商务数据分析中，AB测试法通常是设计出两种或多种版本，其中A版本一般为当前版本，B版本或其他版本为设想版本。通过测试比较这些版本的不同，我们就可以选出最好的版本并以此来实施各种策略。

- **对比分析法**｜对比分析法是将两个或两个以上的数据进行比较，并查看不同数据的差异，以了解各方面数据指标的分析方法。

- **转化漏斗法**｜转化漏斗法是一套流程式数据分析方法，它能够科学地反映客户行为状态，以及从起点到终点各阶段客户转化率的情况。转化漏斗法的优势在于，它可以从先到后还原客户转化的路径，并分析每一个转化节点的效率，从而能够实现对这些节点数据的跟踪，及时找到问题并加以解决。

- **七何分析法**｜七何即何时（When）、何地（Where）、何人（Who）、何事（What）、何因（Why）、何做（How）、何价（How Much），也称5W2H分析法。这种方法能够主动建立问题，然后找到解决问题的线索，进而设计解决思路，有针对性地分析数据，最终得到结果。

- **杜邦拆解法**｜杜邦拆解法可以将需要分析的数据指标进行逐步拆解，最终找到出现问题的指标，进而准确地执行相应的措施来解决问题。

4. 数据分析的常见指标

分析电子商务数据时离不开各种指标，如前文提到的客单价、转化率等。为便于理解，下面将电子商务数据分析的主要数据指标分为网站运营指标、经营环境指标、客户价值指标和销售业绩指标几大类，分别进行介绍。

（1）网站运营指标

网站运营指标主要用来衡量网站的整体运营状况，又可以细分为网站流量指标、商品类目指标和供应链指标等。

- **网站流量指标** | 这类指标主要用来衡量网站优化效果、网站易用性、网站流量质量及客户购买行为等，如新访客数、跳出率、转化率、客户下单次数、成功支付次数等。

- **商品类目指标** | 这类指标主要用来衡量网站商品运营水平，如商品类目结构占比、商品销售额占比、商品销售库存量单位（Stock Keeping Unit，SKU）集中度、库存周转率等。

- **供应链指标** | 这类指标主要用来衡量网站商品库存及商品配送方面的问题，如收货时长、仓储成本、配送时长、每单配送成本等。

（2）经营环境指标

电子商务领域的经营环境指标又分为外部竞争环境指标和内部购物环境指标。外部竞争环境指标包括网站的市场占有率、市场扩大率和网站排名等，这类指标通常采用第三方调研公司的报告数据；内部购物环境指标包括功能性指标和运营指标，其中运营指标与上面介绍的网站运营指标的内容一致，而常用的功能性指标主要包括商品类目多样性、支付配送方式多样性、网站链接速度等。

（3）客户价值指标

客户价值通常由历史价值（过去的消费水平）、潜在价值及附加值3个方面组成。客户价值指标分为总体客户指标和新、老客户价值指标两种，如访客人数、访客获取成本，以及从访问到下单的转化率等，这些客户价值指标可以直观地反映客户的贡献价值和获取成本。

（4）销售业绩指标

电子商务领域的销售业绩指标主要分为网站销售业绩指标和订单销售业绩指标两种。其中，网站销售业绩指标的重点在网站商品的转化率方面，而订单销售业绩指标的重点在毛利率、订单有效率、重复购买率和退换货率方面。

5. 数据分析的基本步骤

在大数据环境下，电子商务领域需要应对的数据是海量的，我们即便掌握了各种数据分析方法，但如果没有有效的分析步骤，也可能无法处理好数据。下面介绍几种实用的电子商务数据分析步骤，它们分别是常规分析步骤、内外因素分解分析步骤和DOSS分析步骤。

（1）常规分析步骤

电子商务数据分析都应该以业务场景为起点，以业务决策为终点。基于此，我们可以将以下内容作为常规分析步骤来处理数据，如图1-24所示。

图1-24 | 常规分析步骤

① 挖掘业务含义，理解数据分析的背景、前提及想要关联的业务场景结果是什么。

② 制订分析计划，明确如何对场景进行拆分、如何推断。

③ 从分析计划中拆分查询数据，真正落实到分析本身。

④ 从数据结果中提炼业务洞察。

⑤ 根据业务洞察最终产出商业决策。

（2）内外因素分解分析步骤

分析电子商务数据时，数据指标是非常核心的分析对象，因此找准关键因素则尤为重要。内外因素分解分析就善于处理这类情况，它可以把问题拆分为4个因素，通过四象限图，完成内部因素、外部因素、可控因素和不可控因素范围下的数据分析工作，然后再一步步解决每一个问题。内外因素分解四象限图如图1-25所示。对于内部可控因素，我们可以立即执行；对于外部可控因素，我们可以寻求相关渠道解决；对于内部不可控因素，我们可以进行协调沟通；对于外部不可控因素，我们可以暂做确定假设。

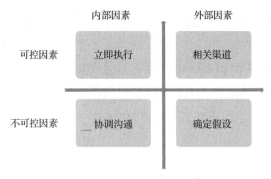

图1-25 | 内外因素分解四象限图

（3）DOSS分析步骤

DOSS分析是从一个具体问题迁移到整体影响，从单一回答到得出规模化方案的数据分析思路，如图1-26所示。

图1-26 | DOSS分析思路

例如，某在线教育平台提供免费课程，同时售卖付费会员名额，为付费会员提供更多高级课程内容。如果该平台想将一套计算机技术的付费课程推荐给一群持续观看免费课程的客户，那么数据分析应该如何做呢？按DOSS分析的4个步骤，分解如下。

- **具体问题** | 预测是否有可能让某一客户群体购买付费课程。
- **整体影响** | 根据该客户群体的免费课程使用情况进行数据分析和数据挖掘，例如通过数据分析预测该客户群体购买付费课程后对企业销售额的整体影响。
- **单一回答** | 对该客户群体进行建模，监控该模型对最终转化的影响。
- **规模化方案** | 推出规模化的解决方案，对符合某种行为轨迹和特征的行为进行建模，最后落实付费课程的推荐模型。

任务实施

1. 分析某网店近期数据

借助各种电子商务数据，我们能更好地进行数据分析。本任务将使用直接观察法，并借助数据指标来分析和说明数据反映的基本情况。图1-27所示为某购物平台中某网店的近期数据情况，各张图都包含了许多有用的数据。下面尝试简单分析各图中数据反映的信息。

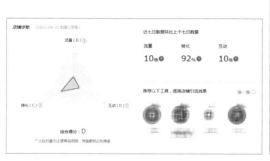

（a）

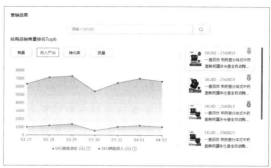

（b）

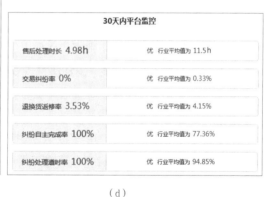

（c）

	30天内平台监控	
售后处理时长 4.98h	优	行业平均值为 11.5 h
交易纠纷率 0%	优	行业平均值为 0.33%
退换货返修率 3.53%	优	行业平均值为 4.15%
纠纷自主完成率 100%	优	行业平均值为 77.36%
纠纷处理通过率 100%	优	行业平均值为 94.85%

（d）

图1-27 | 某网店的近期数据情况

（1）图1-27（a）中主要利用了流量、转化和互动数据来反映网店的运营情况。图中左侧区域以雷达图的形式显示了数据，并对数据进行评级处理。无论是从图形还是从综合得分都可以看出，该网店的经营状况不太理想。但同时也可以通过图中右侧区域看出好的方面，即通过"近七日数据环比上个七日数据"来看，流量指标、转化指标和互动指标都呈上升势头，这说明网店在运营方面采取了一定的措施，后期表现值得期待。

（2）图1-27（b）利用折线图反映了近7日SKU销售创收和投入的数据情况。其中折线图中处于上方的数据系列为单个商品销售创收数据，处于下方的数据系列为单个商品的销售投入数据。两个数据系列的走向基本相同，说明销售量在前6名的商品基本上没有数据变化。图中右侧区域还具体显示了前4名的商品信息和名次，便于我们直观了解畅销商品的情况。

（3）图1-27（c）显示了该网店近12周的新访问客户数量的走势，我们可以明显看到最近几周的新访问客户数量出现了很大波动。网店应该马上分析问题，如商品是否过季，竞争对手的商品或价格是否更具竞争力等，找到问题后就可以进一步解决问题。

（4）图1-27（d）比较直观，它以表格的形式反映了该网店30天内在该购物平台的监控评分情况。表格第一列直接列出了网店的售后处理时长、交易纠纷率、退换货返修率、纠纷自主完成率和纠纷处理遵时率数据，第二列则列出了与行业进行对比的数据。通过这些数据，我们可以发现该网店在售后方面表现得较为不错，值得肯定。

2. 模拟电子商务数据分析的实施过程

不同企业在不同情况下可能有自己特有的数据分析步骤或流程，因此关键并不是掌握几种电子商务数据分析步骤，而是选择适合自己的分析步骤。下面利用两个实际情景来模拟电子商务数据分析的具体实施。

情景一：国内某互联网金融理财类网站，其市场部在百度上有持续的广告投放，以吸引网页端流量。最近市场部同事建议尝试投放搜狗移动搜索渠道获取更多流量，以及加入聚效网络联盟进行深度广告投放。在这种多渠道的投放场景下，如何进行深度决策？

针对上述情景，我们可以按照电子商务数据常规分析步骤来分析数据。

（1）挖掘业务含义。首先要了解市场部想优化什么，并以此为指标进行衡量。渠道效果评估的重要标准是业务转化；对金融理财类网站来说，实际参与投资理财的客户数远比访问客户数重要。所以无论是搜狗移动搜索还是聚效网络联盟渠道，分析重点都在于如何通过数据手段衡量转化效果，从而进一步根据转化效果，优化不同渠道的运营策略。

（2）制订分析计划。以"投资理财"为核心转化点，分配一定的预算进行流量测试，观察对比两个渠道流量所带来的注册客户数量及最终转化效果；持续关注这些客户重复购买理财商品的次数，进一步判断渠道质量。

（3）拆分查询数据。由于制订分析计划时需要对比渠道流量，所以应该在各个渠道追踪流量、落地页停留时间、落地页跳出率、网站访问深度及订单量等数据，进行深入的分析。

（4）提炼业务洞察。根据数据结果，对比搜狗移动搜索和聚效网络联盟渠道投放的效果，根据注册客户数量及最终转化效果，观察结果并提炼业务洞察。例如，当搜狗移动搜索渠道效果不好时，可以考虑商品是否适合移动端的客户群体，或仔细观察落地页表现是否有可以优化的内容等，提炼业务洞察。

（5）产出商业决策。根据业务洞察，指引渠道决策的制定。例如，停止在搜狗移动搜索渠道的投放，继续跟进聚效网络联盟渠道的转化效果并进行评估；也可以优化移动端落地页，更改客户运营策略等。

📖 经验之谈

落地页指访问者在其他地方看到企业发出的某个具有明确主题的特定营销活动信息，点击后跳转到企业网站上的第一个页面。通常，落地页上各种优惠信息的背后暗藏着发掘并收集潜在客户信息的表单，以供企业跟进这些客户。

情景二： 某社交招聘类网站分为求职者端和企业端，其盈利模式一般是向企业端收费，其中一种收费方式是购买职位的广告位。该网站业务人员发现，"发布职位"的数量在过去6个月有缓慢下降的趋势，对于这类某一数据指标下降的问题，业务人员应该怎样分析？

针对上述情景，我们尝试遵循内外因素分解分析步骤来分析数据，从4个角度依次分析可能的影响因素。

- **内部可控因素**｜其包括商品近期上线更新、市场投放渠道变化、商品黏性、新老客户留存问题，以及核心目标的转化等。分析是否是这些因素出现了问题，导致"发布职位"的数量在过去6个月缓慢下降；如果是，应立即针对这些因素采取相应的补救措施。

- **外部可控因素**｜其包括市场竞争对手近期行为、客户使用习惯的变化和招聘需求随时间的变化情况等。如果发现是这些因素导致数量下降，应主动通过相关渠道寻求战略改变。

- **内部不可控因素**｜其包括商品策略（移动端/PC端）、企业整体战略和客户群定位（如只做医疗行业招聘）等。对由这些因素导致的问题，业务人员需要与负责人及时沟通协调，找到解决问题的办法。

- **外部不可控因素**｜其包括互联网招聘行业趋势、整体经济形势等。对于这些因素，业务人员只能进行各种假设预测，预期将外部不可控因素尽可能地转变为可控因素，如通过分析季节性变化情况在淡旺季实施不同的运营策略。

项目实训

本项目重点对电子商务与数据分析的基础理论知识做了介绍，并初步讲解了数据的采集和分析操作。本实训为帮大家巩固数据采集和分析的基本方法，将利用八爪鱼采集器和Excel来完成操作。

1. 使用八爪鱼采集器采集评论数据

八爪鱼采集器内置大量的采集模板，如果采集的数据需要符合模板设置，我们就可以通过模板采集功能快速采集数据。下面便利用该功能采集京东商城中某个商品详情页的评论数据。

微课视频

使用八爪鱼采集器采集评论数据

【实训目标】

（1）熟悉采集模板的设置方法。

（2）熟悉使用模板采集数据的具体操作。

【实训要求】

（1）在京东商城访问与唐诗宋词元曲相关的某本图书的商品详情页。

（2）利用八爪鱼采集器采集京东商品评论的模板中该商品详情页前50页的评论数据。

（3）将采集的数据以Excel文件的方式保存到计算机中。

【实训步骤】

（1）使用浏览器登录京东商城，访问某本图书的商品详情页。

（2）启动并登录八爪鱼采集器，将鼠标指针移至左侧的"新建"按钮 上，在自动打开的下拉列表中选择"模板任务"选项。

（3）依次选择【京东】/【京东商品评论】模板，使用该模板，设置"任务名""任务组""翻页次数"，并将浏览器中的商品详情页地址复制到"商品详情链接"文本框中，然后单击"保存并启动"按钮，如图1-28所示。

图1-28 | 设置并启动采集任务

（4）启动本地采集（需扫码登录京东商城），按设置的翻页次数自动采集相应的评论数据。

（5）完成后，将数据导出为名为"唐诗宋词元曲.xlsx"的Excel文件。

2. 统计5星好评数量和5星好评率

为了了解商品的好评，特别是5星好评情况，我们可以利用Excel对采集到的数据进行统计。下面便在Excel中分别统计上一个实训中商品的5星好评数量和5星好评率。

微课视频

统计5星好评数量
和5星好评率

【实训目标】

（1）了解按条件来统计数量的函数使用方法。

（2）了解统计非空单元格数量的方法。

【实训要求】

（1）删除与统计无关的多余数据。

（2）利用COUNTIF函数统计5星好评数量。

（3）借助COUNTA函数计算商品的5星好评率。

【实训步骤】

（1）打开"唐诗宋词元曲.xlsx"素材文件（配套资源：素材\项目一\项目实训\唐诗宋词元曲.xlsx），仅保留A列和C列的数据，将其他列全部删除。

（2）在C2单元格中输入"5星好评数量"，适当增大列宽。

（3）选择D2单元格，在编辑栏中输入"=COUNTIF(B2:B151,"star5")"，表示统计B2:B151单元格区域中数据为"star5"的单元格数量，按【Enter】键返回结果。

（4）在C3单元格中输入"5星好评率"。

（5）选择D3单元格，在编辑栏中输入"=D2/COUNTA(B2:B151)"，表示用5星好评数量除以评论总数，其中"COUNTA(B2:B151)"函数表示统计B2:B151单元格区域中非空单元格的数量，按【Enter】键返回结果；然后利用【开始】/【数字】组中的"百分比"按钮 % 将结果转换为百分比形式，如图1-29所示（配套资源：效果\项目一\项目实训\唐诗宋词元曲.xlsx）。

图1-29 | 统计5星好评数量和5星好评率

 思考与练习

（1）全球知名咨询公司麦肯锡称："数据，已经渗透到当今每一个行业和业务职能领域，成为重要的生产因素。人们对于海量数据的挖掘和运用，预示着新一波生产率增长和消费者盈余浪潮的到来。"请结合当前电子商务的发展，谈谈电子商务运营中数据的重要性。

（2）我们身处大数据时代，而大数据技术的重要目的之一就是让数据产生价值。请根据本项目介绍的相关内容，说说我们可以使用哪些方法、哪些步骤来让数据产生价值。

（3）请使用八爪鱼采集器采集深圳地区数据分析师这个职位的相关招聘信息，然后利用Excel统计不同级别数据分析师的平均工资。

项目二 数据分析利器
——使用数据分析工具

学习目标

◆ 了解Alexa的基本使用方法。

◆ 熟悉如何使用百度指数查看趋势、需求和人群画像。

◆ 掌握生意参谋的基本功能和使用方法。

◆ 掌握Excel的基本使用方法。

◆ 了解Power BI的基本使用方法。

素养目标

◆ 能够根据数据分析的需要选择合适的工具。

◆ 能够利用数据分析工具提取数据的价值。

引导案例

"啤酒与尿不湿"在数据分析领域可谓是家喻户晓的经典案例。该案例讲述了沃尔玛通过对其仓库数据进行分析和挖掘，将啤酒和尿不湿这两种看似完全没有联系的商品放在一起进行销售，最后使两种商品双双提高了销量的故事。

沃尔玛利用数据分析工具对其历史交易数据进行分析和挖掘，通过各种模型的建立与计算，发现与尿不湿一起卖出最多的商品竟然是啤酒！为了验证这一结果，沃尔玛专门派人进行实际调查和分析，最终得出结论：一些年轻父亲周末会到超市购买尿不湿，而这类人又喜爱在周末观看各种体育赛事，啤酒是他们看赛事必备的饮品。因此如果将尿不湿与啤酒放在一起销售，就会让这类人在购买尿不湿时自然而然地想起购买啤酒这件事。

通过数据分析得出啤酒与尿不湿一起销售会提高销量的结论后，沃尔玛便将其所有门店的啤酒与尿不湿放在一起销售，结果啤酒与尿不湿的销量果然双双增长。

按常规思维，啤酒与尿不湿的商品属性大相径庭，沃尔玛若不借助数据分析工具对大量历史交易数据进行分析和挖掘，是不可能发现数据内在价值规律的。由此可见，有效的数据分析工具对大数据营销和分析而言是多么重要。

任务一 认识各种在线分析工具

任务概述

随着电子商务企业对数据分析越来越重视，各种在线分析工具层出不穷。利用这些工具，我们可以非常方便地了解网站流量、市场行情和关键词搜索趋势等数据情况，从而更好地进行数据分析。本任务将带大家认识和使用几种常见的在线分析工具。

相关知识

1. Alexa

Alexa是免费提供网站流量信息的公司，一直致力于开发网页抓取和网站流量计算的工具。Alexa提供的网站排名是评价某一网站访问量多少的重要指标，其主要分为综合排名和分类排名两种。

- **综合排名** 综合排名指特定网站在所有网站中的排名，Alexa每3个月公布一次新的网站综合排名。此排名的依据是用户链接数、页面浏览数在3个月内累积的平均值。

- **分类排名** 分类排名主要分为两种形式。一种是按主题分类，如新闻、娱乐和购物等，Alexa给出某个特定网站在同类网站中的排名。另一种是按语言分类，如英文网站、中文网站等，Alexa给出特定网站在所有此种语言网站中的排名。

2. 百度指数

百度指数是以百度用户行为数据为基础的数据分享平台，该工具能够展示某个关键词在百度中的搜索流量、一段时间内的变化趋势，以及关注该关键词的用户构成情况等，其主要功能模块包括基于单个关键词的趋势研究、需求图谱、人群画像。

- **趋势研究**｜这一功能模块提供关键词在指定时期和指定渠道的搜索指数趋势图，以及各种日均值和同比、环比数值等数据。
- **需求图谱**｜这一功能模块显示用户对于搜索关键词的关注点，在需求图谱下方还有与搜索关键词相关词语的搜索指数。
- **人群画像**｜这一功能模块包括地域分布和人群属性等板块。其中，地域分布显示关注该关键词的用户在全国各省份（区域、城市）的分布情况；人群属性显示关注该关键词的用户的年龄和性别分布情况。

3. 生意参谋

生意参谋是阿里巴巴官方推出的数据分析工具，它致力于为电子商务领域，特别是淘宝商家提供精准实时的数据统计、多维数据分析和数据解决方案。淘宝商家可以通过生意参谋全方位实时了解网店的经营状况，包括流量情况、访客数、销售情况及推广情况等，也可以分析商品交易、营销、物流、市场行情和竞争对手等数据。

👤 任务实施

1. 使用Alexa获取网站流量

微课视频

使用Alexa
获取网站流量

若想要了解网站的整体情况和流量数据，我们可以使用Alexa工具来实现。下面利用该工具查看淘宝网的综合数据和流量情况，其具体操作如下。

（1）查询淘宝网。利用百度搜索引擎搜索"Alexa排名"，单击搜索结果中的"Alexa网站排名查询"超链接，在页面上方的文本框中输入淘宝网网址，单击 排名查询 按钮。

（2）查看网站排名。页面中将显示淘宝网在全球的综合排名情况，包括全球排名、访客排名、国家/地区及国家/地区排名等数据，如图2-1所示。

图2-1｜查看网站排名

（3）查看详细数据。单击页面上方的"流量分析"选项卡，此时将显示淘宝网在不同周期内的全球网站排名、变化趋势、日均UV（访客数）、日均PV（浏览量或点击量）等数据。页面下方还提供网站未来一段时期的日均UV和日均PV预测数据，如图2-2所示。

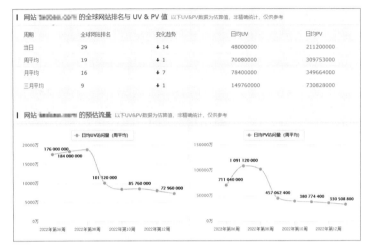

图2-2｜查看网站详细数据

（4）查看细分流量数据。滚动鼠标滚轮，在页面下方能看到淘宝网各下属站点的流量数据情况，包括近月网站访问比例、近月页面访问比例、人均页面浏览量等，从而能够对所有下属站点的流量数据有所了解，如图2-3所示。

被访问网址	近月网站访问比例	近月页面访问比例	人均页面浏览量
login.taobao.com	43.38%	1.11%	10.78
taobao.com	40.56%	1.12%	10.14
s.taobao.com	32.09%	1.09%	7.86
item.taobao.com	29.64%	1.64%	10.91
guang.taobao.com	17.12%	1.49%	5.73
buyertrade.taobao.com	13.06%	1.27%	3.72
fuwu.taobao.com	11.74%	1.13%	2.97
cart.taobao.com	6.56%	1.35%	1.98
click.taobao.com	4.75%	1.1%	1.20
uland.taobao.com	4.75%	1.01%	1.08
trade.taobao.com	3.92%	1.6%	1.36
world.taobao.com	3.89%	1.77%	1.54
s.taobao.com	3.86%	1.1%	0.99
buy.taobao.com	3.79%	1.91%	1.62

图2-3｜查看下属站点流量数据

2. 使用百度指数分析关键词

百度指数可以全面分析关键词的各项数据。下面便利用该工具分析关键词"科技"，其具体操作如下。

（1）输入关键词。登录百度指数官方网站，在文本框中输入"科技"，单击 开始探索 按钮。

（2）查看搜索指数。在页面右上角设置时间段为"近7天"，渠道为"移动"（即代表移动端）。此时页面将显示近7天移动端搜索"科技"关键词的指数情况，下方将显示搜索指数概览，从中可见整体搜索指数稳中有升，而移动端的搜索指数，无论同比还是环比都有增

微课视频

使用百度指数
分析关键词

长，如图2-4所示。

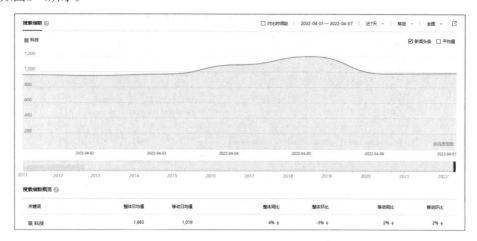

图2-4｜查看关键词的搜索情况

（3）查看需求图谱。单击页面上方的"需求图谱"选项卡，此时可看到与关键词"科技"相关的其他关键词的分布情况。距离中心的关键词越近相关性越强，面积越大搜索指数越高，如图2-5所示。

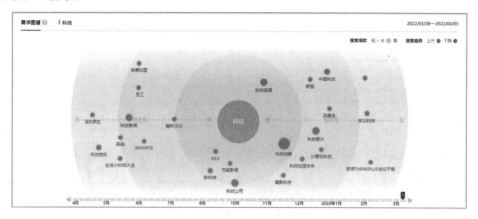

图2-5｜查看关键词的需求图谱

（4）查看地域分布。单击页面上方的"人群画像"选项卡，可以看到搜索"科技"关键词用户的地域分布情况，如图2-6所示。

（5）查看人群属性。在页面下方可以查看搜索"科技"关键词用户的年龄分布和性别分布情况，如图2-7所示。

（6）查看兴趣分布。在页面底部可以进一步了解搜索"科技"关键词用户的兴趣分布情况，如图2-8所示。

图2-6｜查看搜索该关键词用户的地域分布情况

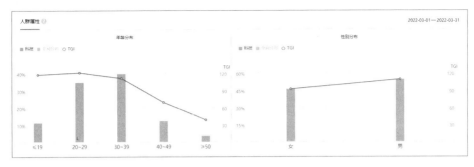

图2-7 | 查看搜索该关键词用户的人群属性情况

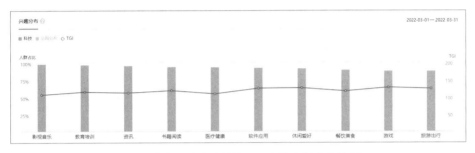

图2-8 | 查看搜索该关键词用户的兴趣分布情况

📠 视野拓展

> 　　一个国家要强盛，就要大力发展科学技术，要想提高科学技术水平，就应该重视科技研发。据统计，就2021年来看，我国500家民营企业研发费用总额达7 429亿元，企业研发的投入力度逐年加大，企业竞争力也有明显提升。我们个人在学习和工作中也应该养成努力钻研、不断创新的态度，这样才能增强自身综合素质，从而为国家和社会创造更多的价值。

3. 使用生意参谋查看市场数据

微课视频

使用生意参谋
查看市场数据

　　生意参谋可以查看和管理网店运营各方面的数据，也能够查看市场数据和竞争对手数据，是淘宝商家进行数据分析的有效工具。下面利用该工具查看男装T恤行业的市场数据，其具体操作如下。

　　（1）进入生意参谋。登录淘宝网，单击页面右上方的"千牛卖家中心"超链接，输入账号和密码并登录千牛卖家中心，进入"千牛卖家工作台"页面，选择左侧列表中的"数据"选项便可进入生意参谋页面。

　　（2）查看市场大盘。单击页面上方的"市场"选项卡，选择左侧列表中的"市场大盘"选项，然后选择"男装"行业下的"T恤"子行业，并单击 30天 按钮，此时便可查看男装T恤近30天的市场大盘数据，如搜索人气、搜索热度、访问人气、浏览热度等，如图2-9所示。

　　（3）查看店铺排行。选择左侧列表中的"市场排行"选项，然后选择"男装"行业下的"T恤"子行业，并单击 30天 按钮，此时可以查看男装T恤近30天店铺的交易和流量排行及相关指数，如图2-10所示。其中，单击"高交易"选项卡可查看店铺的交易排行和交易数据，单击"高流量"选项卡可查看店铺的流量排行和流量数据。

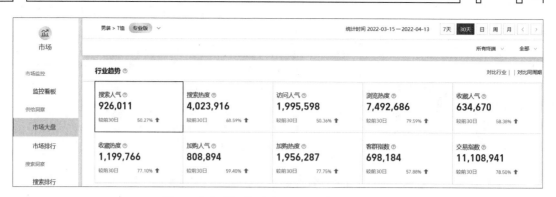

图2-9｜查看男装T恤近30天的市场大盘数据

图2-10｜查看男装T恤近30天的店铺排行数据

（4）查看商品排行。单击"商品"选项卡，可以查看男装T恤近30天的热门商品交易、流量和意向排行及相关指数，如图2-11所示。

图2-11｜查看男装T恤近30天的商品排行数据

（5）查看品牌排行。单击"品牌"选项卡，可以查看男装T恤近30天热门品牌的交易和流量排行及相关指数，如图2-12所示。

图2-12 | 查看男装T恤近30天的品牌排行数据

任务二 掌握常用的线下分析工具

任务概述

虽然目前有许多在线分析工具，但很多时候我们还是需要将收集到的数据利用线下工具来进行分析，以得到想要的结果。从易用性和功能性综合考虑，Excel和Power BI是其中常用的两种工具。本任务将带大家学习它们的基本使用方法。

相关知识

1. Excel

Excel是一款应用广泛的电子表格处理工具，它可以创建各种各样的数据表格，可以管理表格数据，也具有强大的分析功能，在金融、财务、工程预算、市场分析、工资管理、文秘处理、办公自动化等方面被广泛应用。在电子商务数据分析领域，Excel主要具有以下优点。

- **数据处理与加工**｜Excel可以将采集到的数据进行预处理与加工，让数据满足后期分析的需要。

- **数据计算**｜Excel具有强大的数据计算功能，其内置的公式和函数可以满足数据计算需求。

- **数据管理**｜Excel可以对数据进行排序、筛选、分类汇总等操作，轻松实现对数据的管理。

- **数据分析**｜Excel可以借助其内置的各种强大的分析功能对数据进行专业分析，如回归分析、方差分析等。

- **数据可视化**｜Excel可以将数据的分析结果通过图表显示出来，让数据传递的信息更加一目了然。

2. Power BI

Power BI的全称为Power BI决策分析系统，可以将企业资源计划（Enterprise Resource

Planning，ERP）等信息系统的数据直接延伸到决策者的桌面，打通信息化的"最后一公里"，让决策者直接操控企业经营数据，从而真正体验到信息化的价值。

Power BI中的BI是指商业智能（Business Intelligence），说明它是一款商务智能软件，它在电子商务数据分析领域的主要功能之一就是报表的制作与发布——通过软件服务、应用和连接器的集合，将相关数据来源转换为视觉效果逼真且功能强大的报表，为决策者提供强有力的数据支持。

Power BI包含Power BI桌面应用、Power BI在线应用及Power BI移动应用，不同应用侧重的功能有所不同。其中，Power BI桌面应用可以满足工作中的所有需求；Power BI在线应用侧重于数据的在线分享和实时更新；Power BI移动应用侧重于移动办公，方便随时随地监测和跟踪数据。

👤 任务实施

1. 使用Excel预测销售数据

微课视频

使用Excel预测
销售数据

Excel有非常强大的数据处理、计算和分析功能，是十分易用的一款工具软件。下面利用它来预测销售数据，其具体操作如下。

（1）打开"销售数据.xlsx"素材文件（配套资源：素材\项目二\任务二\销售数据.xlsx），在【数据】/【分析】组中单击 数据分析 按钮，打开"数据分析"对话框，在"分析工具"列表框中选择"移动平均"选项，单击 确定 按钮，如图2-13所示。

🗨️ 经验之谈

在Excel中单击"文件"选项卡，选择左侧列表中的"选项"选项，打开"Excel选项"对话框，选择左侧列表中的"加载项"选项，然后在对话框下方的"管理"下拉列表框中选择"Excel加载项"选项，单击 转到(G)... 按钮；打开"加载项"对话框，单击选中"分析工具库"复选框，单击 确定 按钮，可在"数据"选项卡中加载"分析"组和其中的 数据分析 按钮。

（2）打开"移动平均"对话框，在"输入区域"文本框中输入"B2:B12"，即将该单元格区域中的数据作为预测基础；在"间隔"文本框中输入"2"，在"输出区域"文本框中输入"C2"，单击选中"图表输出"和"标准误差"复选框，单击 确定 按钮，如图2-14所示。

图2-13 | 选择数据分析工具

图2-14 | 设置移动平均的分析参数

（3）Excel将完成预测操作，预测2022年销售额为3 051.64万元，误差约为152.83万元，如图2-15所示（配套资源：效果\项目二\任务二\销售数据.xlsx）。

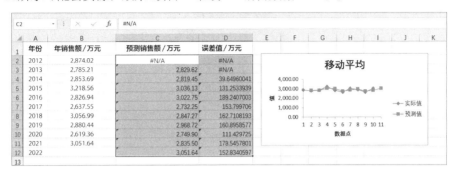

图2-15｜预测结果

2. 使用Power BI分析客户数据

Power BI具有强大的可视化功能，可以轻松制作具有交互性质的图表，以方便我们对数据进行可视化分析。下面利用该工具分析不同级别客户的数据，其具体操作如下。

（1）选择数据源。启动Power BI，在【开始】/【外部数据】组中单击"获取数据"按钮下方的下拉按钮，在打开的下拉列表中选择"Excel"选项，在打开的对话框中选择"客户数据.xlsx"素材文件（配套资源：素材\项目二\任务二\客户数据.xlsx），单击 打开(O) 按钮。

（2）加载数据。在打开的对话框中单击选中"客户"复选框，然后单击 加载 按钮，如图2-16所示。

（3）建立图表。在"可视化"栏中单击"饼图"按钮，然后分别将"字段"栏中的"客户级别"字段和"交易总额（元）"字段拖曳到"可视化"栏中的"图例"下拉列表框和"值"下拉列表框中，如图2-17所示。

图2-16｜加载表格数据

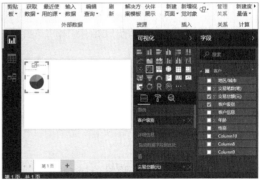

图2-17｜建立饼图图例及字段

（4）查看图表。拖曳工作区中的图表边框放大图表尺寸，此时将鼠标指针移至饼图任意区域，就可以看到对应级别客户的交易总额和所占比例，如图2-18所示（配套资源：效果\项目二\任务二\客户数据.pbix）。

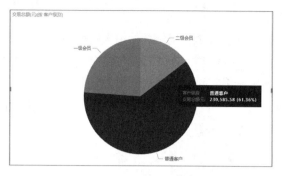

图2-18 | 查看图表数据

项目实训

本项目介绍了一些常用的数据分析工具，包括在线分析工具和线下分析工具。为了带大家进一步掌握数据分析工具的使用方法，本实训将练习生意参谋和Excel的基本使用方法。

1. 使用生意参谋搜索并分析数据

使用生意参谋了解市场数据时，我们可以有针对性地通过搜索的方式了解目标对象的排名情况、用户群体等，这有助于我们更好地调整商品结构和营销策略。下面便使用生意参谋搜索男装西裤来了解该行业的市场情况。

【实训目标】

学会使用生意参谋的搜索功能搜索并分析指定对象的市场数据情况。

【实训要求】

充分利用生意参谋"搜索洞察"板块下的"搜索排行""搜索分析""搜索人群"等功能分析指定对象的市场数据。

【实训步骤】

（1）登录生意参谋，在【市场】/【搜索洞察】板块下选择"搜索分析"选项，在文本框中输入"西裤"，选择搜索结果中的"西裤男"选项，查看男装西裤近30天的搜索分析和搜索人气数据。

（2）选择左侧列表中的"搜索人群"选项，输入关键词"西裤男商务"，按【Enter】键查看搜索该关键词的用户性别、年龄、职业、地域、偏好等的分布情况。

（3）选择左侧列表中的"搜索排行"选项，查看近30天男装西裤市场的关键词搜索排行数据。

2. 使用Excel计算并分析数据

Excel除了具有强大的分析功能，还具有相当丰富的计算功能、可视化功能。下面便利用这些功能来分析销量数据。

【实训目标】

通过计算、创建图表等操作可视化对比分析各地区的销量数据。

微课视频

使用Excel计算并
分析数据

【实训要求】

（1）利用函数和公式计算各地区的全年销量和月均销量。

（2）以地区和全年销量为数据源创建柱形图。

（3）设置图表，以便更容易对比各地区的全年销量数据。

【实训步骤】

（1）打开"销量分析.xlsx"素材文件（配套资源：素材\项目二\项目实训\销量分析.xlsx），使用求和函数计算各地区的全年销量，如使用"=SUM(B3:M3)"可以计算A地区的全年销量。

（2）使用公式"=合计/12"通过各地区的全年销量计算各地区月均销量。

（3）利用【Ctrl】键加选地区和合计项目及下方的数据，在【插入】/【图表】组中利用图表按钮创建柱形图。

（4）调整图表大小、位置，在【图表工具 设计】/【图表样式】组中为图表应用"样式7"效果，在"图表布局"组中添加"数据标签"，然后设置图表字体格式。参考效果如图2-19所示（配套资源：效果\项目二\项目实训\销量分析.xlsx）。

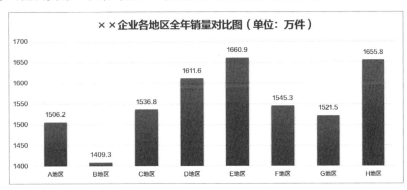

图2-19 | 使用图表对比各地区全年销量数据

思考与练习

（1）就像厨师离不开手中的刀具一样，我们在进行数据分析时也离不开数据分析工具。掌握数据分析工具的功能和使用方法，能够极大地提高数据分析的工作效率。请思考本项目介绍的几种数据分析工具，它们的功能和优势各自体现在哪些方面？适合在哪些场景下使用？

（2）请使用生意参谋查看男装衬衫近7天的市场大盘和排行数据。

（3）请使用Excel查看并分析各原材料的采购数据（配套资源：素材\项目二\思考与练习\材料采购.xlsx）。其中，折扣价根据序号是否带"*"号确定，若有，则折扣价为单价的8折，没有则是原价。然后计算采购金额，并按采购金额降序排列数据。最后以序号和采购量为数据源创建折线图（配套资源：效果\项目二\思考与练习\材料采购.xlsx）。（提示：使用IF函数根据条件计算折扣价，使用RIGHT函数提取"*"号作为IF函数的条件。）

寻找切入点
——分析市场数据

学习目标

◆ 掌握市场容量、市场发展趋势和市场潜力的分析方法。

◆ 熟悉利用行业稳定性、集中度、环比增幅和同比增幅数据等指标来挖掘行业数据的方法。

◆ 了解使用波士顿矩阵分析行业生命力的方法。

素养目标

◆ 能够在了解市场数据的基础上，通过数据分析掌握市场的各方面情况。

◆ 探索分析市场数据的意义与价值。

引导案例

宋某想开网店，但苦于毫无经验，只得向一位从事电子商务超过10年的朋友"取经"。这位朋友以自己的经验给他上了一课。

朋友告诉他，从事电子商务行业，首先要选对商品类目。宋某一方面可以看看自己对哪些类目更加熟悉或更感兴趣，另一方面还可以关注哪些类目更受青睐。例如，服饰箱包和美妆护肤是宋某比较熟悉且感兴趣的热门类目，那么他就可以优先选择这些商品类目。

另外，根据商品来源的不同、各地商品受欢迎程度的不同等，宋某需进一步选出要经营的商品类目。例如，来自A地区的美妆护肤商品最受客户欢迎，服饰箱包的受欢迎程度则相对较低。B地区的服饰箱包有一定的市场，但并不是主力商品。从目标市场需求和最受客户欢迎的商品来看，宋某可以尝试采购A地区的美妆护肤商品来经营。

选定商品类目后，还需要进一步确定商品价格。价格过低过高都不好，低价格商品的利润低、高价格商品的客户少，因此找准商品合适的价格带也是很关键的。

如何找到合适的价格带呢？我们可以借助数据分析工具来查看并分析不同价格商品的交易金额。假设A地区的美妆护肤商品中约45%的单价为50（不含）～100元，约20%的单价为100（不含）～150元，约15%的单价为150（不含）～200元，那么50（不含）～200元的商品就占据了整个细分市场的80%，宋某可以将价格定在这个价格带。

进一步分析，A地区美妆护肤商品行业发展成熟，专注于国内市场，其商品研发以国人的皮肤特质为基础，比较适合国内的消费群体。这些都证明选择A地区的美妆护肤商品来销售是较为稳妥的。

从宋某朋友的分析中可以看出，市场策略的制定要以市场数据为基础。市场数据对于刚进入电子商务领域的创业者而言是非常重要的资源信息，值得创业者进行深入分析。

任务一 分析市场行情

任务概述

为了避免仅凭主观的想法推断市场情况，本任务将教大家如何分析市场容量的大小、市场发展的趋势和市场的潜力。只有了解了这些情况，刚进入电子商务领域的创业者才有可能更全面地掌握某个市场的具体情况，才能结合自身情况有针对性地选择更合适的市场。

相关知识

1. 市场容量

分析市场容量大小有利于确定销售和运营的计划与目标。例如，一个商品市场的销售额容量在1 000万元左右，商家如果不清楚市场容量，盲目给自己制定2 000万元的销售额或

1 000万元的推广预算，就会造成严重的后果：前者的目标几乎无法完成，后者则会让商家在花费巨大成本的情况下难以获得想要的推广效果。

分析市场容量的方法很多，这里借助生意参谋和Excel两个工具。首先在生意参谋中复制市场大盘中"行业构成"栏下各子行业的数据，然后在Excel中利用数据透视表就能看到市场容量的大小和组成情况。

需要注意的是，采集的近期数据越多，市场容量的结果就越接近实际情况。例如，商品1个月的市场容量数据受季节影响较大，1年的市场容量数据则几乎可以规避这个问题。因此，商家可以采集近几年的数据来进行分析，力求数据反映出的结果更加真实。

2. 市场发展趋势

市场发展趋势在这里可以简单理解为市场生命周期，即什么时候是萌芽期、什么时候是成长期、什么时候是爆发期、什么时候是衰退期等。只有充分掌握市场的发展趋势，商家才知道应该在何时准备、何时"引爆"、何时收获。

分析市场发展趋势同样可以借助分析市场容量的数据，利用"子行业"和"支付金额较父行业占比"字段的数据创建数据透视表，并进一步创建折线图，通过折线图了解某个或多个子行业的市场发展趋势。

3. 市场潜力

分析市场潜力，首先需要了解蛋糕指数，其公式如下：蛋糕指数=支付金额较父行业占比/父行业商家数占比。具体可以分为以下几种情况。

- **蛋糕指数大，市场容量小**｜分子小，要想结果大，分母必然很小，这种情况说明商家少，市场竞争度很低，这种市场值不值得进入需要做进一步分析。如果增长趋势较明显，那么这个市场是值得进入的，因为它有可能是一个新的蓝海市场，商家早进入也许能抓住这个机遇。

经验之谈

> 理论上讲，蓝海市场的容量大、竞争度低，这是电子商务行业创业者最热衷于进入的市场，但实际上往往并没有这么理想的市场环境。

- **蛋糕指数大，市场容量大**｜这是典型的蓝海市场特征，这种市场肯定是值得进入的，因为需求大，同时竞争和缓。
- **蛋糕指数小，市场容量大**｜这说明竞争非常激烈，商家要不要进入该市场，就要看有没有这方面的优势和资源。如果有且能在竞争中占有一定的优势，则可以进入；如果没有，则需要谨慎考虑。
- **蛋糕指数小，市场容量小**｜这时有两种情况，如果竞争激烈，说明很多商家在抢一个很小的份额，这种市场肯定不值得进入。如果竞争和缓，商家则可以保持观望，观察市场发展趋势，以做进一步分析。

分析市场潜力不仅需要用到"子行业"和"支付金额较父行业占比"字段的数据，还需要采集生意参谋中市场大盘下的"父行业商家数占比"字段的数据，然后在Excel中建立数据透视表，并根据市场潜力（蛋糕指数）的计算公式新建计算字段，最后创建雷达图进行分析。

任务实施

1. 分析男装市场的容量

下面在生意参谋中采集近一年男装市场的数据，在Excel中加以处理后分析该市场的容量情况，其具体操作如下。

微课视频

分析男装市场
的容量

（1）复制数据。登录生意参谋，在"市场"选项卡下选择左侧列表中的"市场大盘"选项，设置采集行业和日期。这里首先切换到男装行业下2021年4月的数据，拖曳鼠标选择"行业构成"栏各子行业的数据，在选择的数据上单击鼠标右键，在弹出的快捷菜单中选择"复制"命令，如图3-1所示。

男装 专业版 ∨			统计时间 2021-04-01 — 2021-04-30	7天 30天 日 周 月 ‹ ›
				所有终端 ∨ 全部 ∨
行业构成				
子行业	交易指数 ⑦	交易增长幅度指数 ⑦	支付金额较父行业占比指数 ⑦	支付子订单数较父行业占比 ⑦ 操作
T恤 较前一月	15,874,901	+41.03%	复制(C) Ctrl+C	45.45% 33.91% 趋势
			复制为纯文本	5.50%
休闲裤 较前一月	9,984,512	+19.3	用百度搜索"T恤 较前一月 15,874,901 +41.03%..."(S)	9.93% 趋势
			打印(P)...	2.37%
夹克 较前一月	8,070,077	-53.36		5.74% 趋势
			审查元素	2.90%
风衣 较前一月	8,069,061	-18.40	扫描二维码，发送文字到手机	5.21% 趋势
				1.25%
卫衣 较前一月	7,992,040	+10.77		7.09% 趋势
				0.68%
牛仔裤 较前一月	7,614,459	-4.6		6.91% 趋势
				0.11%
套装 较前一月	5,949,483	+5.38%		5.09% 2.93% 趋势
				0.34% 0.16%
卫裤 较前一月	5,771,429	-59.55%		4.38% 3.15% 趋势
				-6.33% -3.67%

图3-1｜通过复制的方法采集数据

（2）整理数据。将复制的数据粘贴到Excel中。按相同方法采集该行业2021年5月—2022年3月各子行业的数据，并在同一张Excel表格中加以整理，并修改字段名称，得到图3-2所示的市场容量相关的数据（配套资源：素材\项目三\任务一\市场容量.xlsx），其中"年""月"数据是手动添加到Excel中的。

（3）创建数据透视表。在【插入】/【表格】组中单击"数据透视表"按钮，打开"来自表格或区域的数据透视表"对话框，在"表/区域"文本框中引用A1:G359单元格区域的地址，单击选中"现有工作表"单选项，在"位置"文本框中引用I1单元格地址，单击 确定 按钮。然后依次将"数据透视表字段"任务窗格中的"子行业"字段拖曳到"行"区域，将"支付金额较父行业占比"字段拖曳到"值"区域，如图3-3所示。

（4）创建饼图。在【数据透视表工具 数据透视表分析】/【工具】组中单击"数据透视图"按钮，打开"插入图表"对话框，选择"饼图"选项，单击 确定 按钮。

	子行业	交易指数	交易增长幅度指数	支付金额较父行业占比	支付子订单数较父行业占比	年	月
2	T恤	15,874,901	41.03%	45.45%	33.91%	2021	4
3	休闲裤	9,984,512	19.35%	22.83%	17.93%	2021	4
4	夹克	8,070,077	-53.36%	13.23%	5.74%	2021	4
5	风衣	8,069,061	-18.40%	13.22%	15.21%	2021	4
6	衬衫	7,992,040	10.77%	11.64%	7.09%	2021	4
7	牛仔裤	7,614,459	-4.67%	7.35%	5.91%	2021	4
8	套装	5,949,483	5.38%	5.09%	2.93%	2021	4
9	卫衣	5,771,429	-59.55%	4.38%	3.15%	2021	4
10	Polo衫	4,864,203	59.33%	3.18%	2.03%	2021	4
11	西服	3,965,248	-49.23%	2.77%	0.95%	2021	4
12	背心	2,603,173	-3.79%	1.22%	1.54%	2021	4
13	西服套装	2,569,548	-21.38%	1.20%	0.29%	2021	4
14	西裤	2,345,729	6.39%	0.85%	0.66%	2021	4
15	卫裤	2,105,441	-49.27%	0.74%	0.79%	2021	4
16	针织衫/毛衣	2,105,109	-60.10%	0.74%	0.54%	2021	4
17	大码男装	1,444,072	-17.68%	0.41%	0.43%	2021	4
18	皮衣	1,433,482	-61.95%	0.36%	0.12%	2021	4
19	西服外套	1,273,277	21.79%	0.29%	0.12%	2021	4
20	民族服装（新）	1,268,821	46.49%	0.28%	0.21%	2021	4
21	羽绒服	1,033,680	-64.28%	0.21%	0.06%	2021	4
22	民族服装	1,029,053	19.12%	0.21%	0.14%	2021	4
23	棉衣	824,098	-69.59%	0.20%	0.08%	2021	4
24	中老年男装	807,007	-19.68%	0.20%	0.09%	2021	

图3-2 | 采集并经过处理的数据

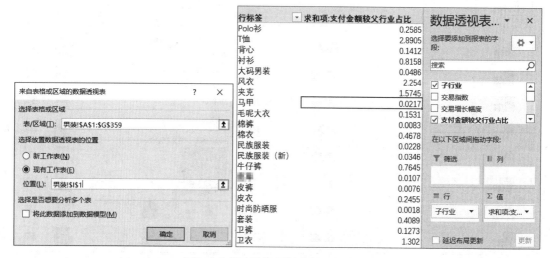

图3-3 | 创建数据透视表并添加字段

（5）调整图表。选择图表中的标题，按【Delete】键将其删除，按相同方法删除图例。在【数据透视图工具 设计】/【布局】组中单击"添加图表元素"按钮█，在打开的下拉列表中选择【数据标签】/【数据标签外】选项，为饼图添加数据标签。适当调整图表的大小和位置，如图3-4所示。

（6）调整排序。在数据透视表的"求和项：支付金额较父行业占比"项目下的任意数据上单击鼠标右键，在弹出的快捷菜单中选择【排序】/【降序】命令。此时饼图将同步按排序结果进行调整。

（7）调整数据标签。双击饼图上的数据标签，在打开的任务窗格中单击选中"类别名称""百分比""显示引导线"复选框，并撤销选中"值"复选框，然后拖曳饼图上的数据标签，使各个数据标签能够清晰地显示出来，如图3-5所示（配套资源：效果\项目三\任务一\市场容量.xlsx）。由图3-5可知，在男装市场上，T恤、休闲裤和风衣的市场容量较大，占比均超过10%；夹克、卫衣、羽绒服、衬衫、牛仔裤和针织衫/毛衣市场属于第二梯队，占比为4%~10%；另外，棉衣、套装的市场占比均高于2%。

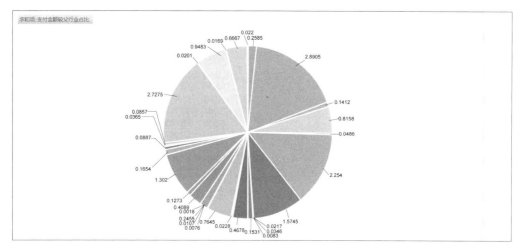

图3-4｜创建并调整饼图

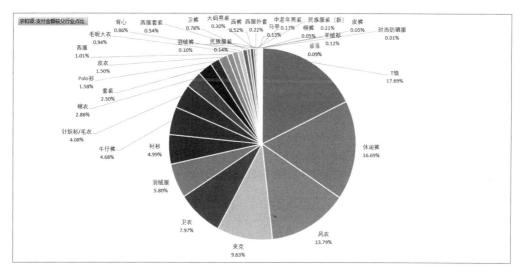

图3-5｜设置数据标签内容和位置

2. 分析男装市场的发展趋势

下面继续利用在生意参谋中采集的数据，分析男装市场下各子行业的发展趋势，其具体操作如下。

（1）创建数据透视表。打开"市场发展趋势.xlsx"素材文件（配套资源：素材\项目三\任务一\市场发展趋势.xlsx），利用已有的数据在当前工作表中创建数据透视表，将"年"和"月"字段添加到"行"区域，将"子行业"字段添加到"列"区域，将"支付金额较父行业占比"字段添加到"值"区域，如图3-6所示。

（2）创建数据透视图。在数据透视表的基础上创建数据透视图，类型为折线图，删除图表标题和图例，适当调整图表的大小和位置，如图3-7所示。

微课视频

分析男装市场
的发展趋势

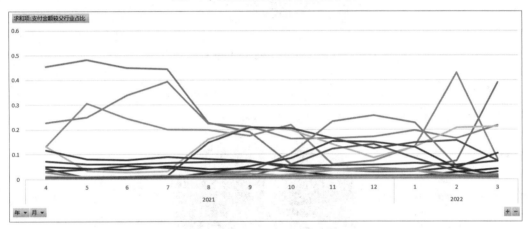

行标签	T恤	休闲裤	风衣	夹克	卫衣	羽绒服	补
⊟2021	2.3855	2.149	1.6109	1.0237	0.9218	0.6627	
4	0.4545	0.2283	0.1322	0.1323	0.0438	0.0021	
5	0.4826	0.2498	0.3066	0.0339	0.0068	0.002	
6	0.45	0.3392	0.2446	0.0277	0.0044	0.0033	
7	0.4449	0.3941	0.201	0.0319	0.0144	0.0034	
8	0.2279	0.2252	0.1983	0.1612	0.147	0.029	
9	0.1905	0.2133	0.1747	0.2103	0.2099	0.0292	
10	0.0594	0.163	0.2199	0.1989	0.2059	0.1031	
11	0.041	0.1642	0.0598	0.1416	0.1656	0.2332	
12	0.0347	0.1719	0.0738	0.0859	0.124	0.2574	
⊟2022	0.505	0.5785	0.6431	0.5508	0.3802	0.2856	
1	0.04	0.1967	0.1326	0.1316	0.1486	0.2278	
2	0.0741	0.1642	0.4296	0.2071	0.1568	0.052	
3	0.3909	0.2176	0.0809	0.2121	0.0748	0.0058	
总计	2.8905	2.7275	2.254	1.5745	1.302	0.9483	

图3-6 | 创建数据透视表并添加字段

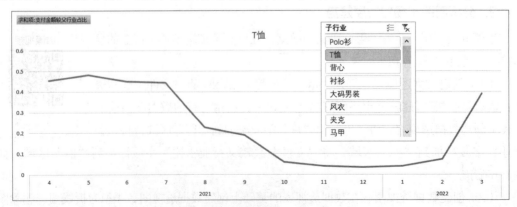

图3-7 | 创建并调整数据透视图

（3）在【数据透视表工具 数据透视表分析】/【筛选】组中单击"插入切片器"按钮，打开"插入切片器"对话框，单击选中"子行业"复选框，单击 确定 按钮。

（4）分析市场发展趋势。在"子行业"切片器中选择"T恤"选项，此时折线图将显示该子行业的市场发展趋势，如图3-8所示。由图3-8可知，男装T恤行业从3月开始就进入了销售旺季，且持续到7月，之后市场销售热度逐渐降低，从10月到来年2月处于销售淡季。

图3-8 | 分析男装T恤的市场发展趋势

（5）对比分析市场发展趋势。按住【Ctrl】键的同时在"子行业"切片器中加选"休闲裤""羽绒服"选项，在图表底部添加图例，然后设置不同折线的外观样式以做区分，如图3-9所示（配套资源：效果\项目三\任务一\市场发展趋势.xlsx）。由图3-9可知，休闲裤市场全年的发展趋势在所选的3个市场中是最平稳的，全年除7月是明显的旺季外，其他时期的市场容量都比较平均；羽绒服市场的淡旺季则比较明显，旺季是11月至来年1月，其余月份均是销售淡季。

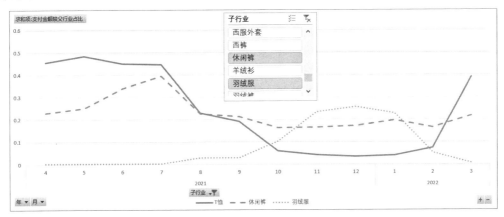

图3-9 | 分析男装休闲裤和羽绒服的市场发展趋势

3. 分析男装市场的潜力

分析市场潜力时，需要重新在生意参谋中采集对应时期各子行业的父行业商家数占比数据，然后将数据添加到Excel中，利用数据透视图进行分析，其具体操作如下。

微课视频

分析男装市场
的潜力

（1）创建数据透视表。打开"市场潜力.xlsx"素材文件（配套资源：素材\项目三\任务一\市场潜力.xlsx），利用已有的数据在当前工作表中创建数据透视表，将"子行业"字段添加到"行"区域。

（2）创建计算字段。在【数据透视表工具 数据透视表分析】/【计算】组中单击"字段、项目和集"下拉按钮f_x，在打开的下拉列表中选择"计算字段"命令。

（3）设置计算字段内容。打开"插入计算字段"对话框，在"名称"下拉列表框中输入"蛋糕指数"，在"公式"文本框中通过输入符号和双击下方"字段"列表框中的选项，建立"=支付金额较父行业占比/父行业商家数占比"公式，单击 确定 按钮，如图3-10所示。

（4）创建数据透视图。以当前数据透视表为数据源建立类型为雷达图的数据透视图，为图表应用"样式6"效果，将数据标签设置为小数类型，如图3-11所示。

（5）插入切片器。在数据透视图中插入"年"和"月"切片器，此时便可有目的地查看分析每个月或多个月各子行业的市场潜力，如图3-12所示（配套资源：效果\项目三\任务一\市场潜力.xlsx）。由于数据透视图中使用的是"蛋糕指数"字段，因此我们应根据蛋糕指数的情况进行分析。以风衣子行业为例，其在2022年1月的蛋糕指数大，结合前面对其市场容量的分析可知，该子行业的市场容量约为13.22%，相对较大，因此该行业在1月是具备较大市场潜力的。

图3-10 | 创建计算字段

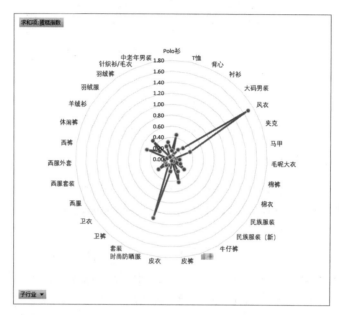

图3-11 | 创建并设置数据透视图

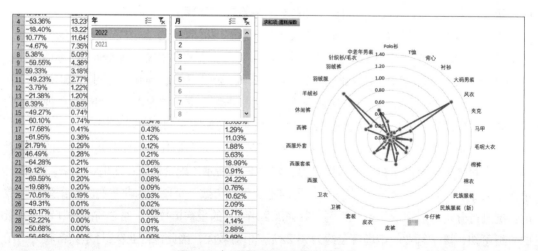

图3-12 | 利用切片器分析市场潜力

任务 二 挖掘行业数据

任务概述

通过对行业数据的进一步挖掘，我们可以更全面地了解市场行情，这有利于企业的生存和发展。本任务将重点介绍通过行业稳定性、集中度、增幅及生命力来挖掘行业数据的方法。

相关知识

1. 行业稳定性

行业稳定性涉及波动系数和极差两个指标。其中，波动系数=标准差/平均值，极差=最大值–最小值。这些指标都可以利用Excel进行计算和分析。因此，我们只需要在生意参谋中采集目标行业的交易指数，将其在Excel中进行整理和计算，就能得出对应行业的稳定性结果。

2. 行业集中度

行业集中度可以反映行业的饱和度、垄断程度，一般可以使用赫芬达尔指数来表示。该指数首先需要取得竞争对手的市场占有率数据，并将较弱的竞争对手忽略，然后计算出竞争对手市场占有率的平方值，最后计算出平方值之和。同样，我们可以先在生意参谋中采集某行业排在前列的竞争对手交易指数，然后在Excel中进行处理和计算，就能得到该行业的集中度结果了。

3. 行业增幅

与波动系数密切相关的指标是增幅，即增长速度。增幅又分为环比增幅和同比增幅两种，下面分别进行介绍。

- **环比增幅**｜本期数据与上期数据比较，如2022年3月数据与2022年2月数据比较，就称为环比。其公式如下：环比增幅=（本期数–上期数）/上期数×100%。
- **同比增幅**｜本期数据与历史同时期数据比较，如2022年3月数据与2021年3月数据比较，就称为同比。其公式如下：同比增幅=（本期数–同期数）/同期数×100%。

环比和同比均用百分数或倍数表示。环比可以分为日环比、周环比、月环比和年环比，主要是对比短时间内的增幅。同比一般用在相邻两年的相同月份之间进行比较，很少以两月的相同日期来进行对比。

分析行业增幅时，我们也需要采集生意参谋中行业的交易指数，然后在Excel中进行计算来得到结果。

4. 行业生命力

行业生命力可以用波士顿矩阵表示，波士顿矩阵又被称为市场增长率–相对市场份额矩阵、波士顿咨询集团法、四象限分析法等。利用该矩阵可以分析各行业的情况，以便有针对性地采取相应的措施。

波士顿矩阵实际上是针对企业商品进行分析的工具，其4个象限具有不同的定义和相应的战略对策，如图3-13所示。

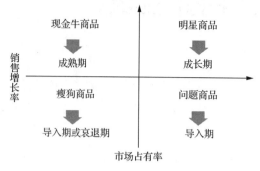

图3-13｜波士顿矩阵

- **明星商品**｜明星商品指处于高销售增长率、高市场占有率象限内的商品群，处于成长期。这类商品可能成为企业的现金牛商品，需要加大投资以支持其迅速发展。采用的发展战略是积极扩大经济规模和准确把握市场机会，以长远利益为目标，提高市场占有率，巩固竞争地位。

- **现金牛商品**｜现金牛商品又称厚利商品，指处于低销售增长率、高市场占有率象限内的商品群，已进入成熟期。其特点是销量大、利润率高、负债率低，可以为企业提供资金，而且由于销售增长率低，也无须加大投资。因而它成为企业回收资金、支持其他商品，尤其是明星商品投资的后盾。

- **问题商品**｜问题商品是处于高销售增长率、低市场占有率象限内的商品群。这说明其市场机会大、前景好，但在市场营销上存在问题。其特点是利润率较低、所需资金不足、负债率高。对问题商品的改进与扶持方案均应列入企业长期计划中。

- **瘦狗商品**｜瘦狗商品也称衰退类商品，是处在低销售增长率、低市场占有率象限内的商品群。其特点是利润率低、处于保本或亏损状态、负债率高，无法为企业带来收益。企业对这类商品应采用撤退战略，首先减少批量，然后逐渐撤退，对那些销售增长率和市场占有率均极低的商品应立即淘汰。

任务实施

1. 分析男装T恤和休闲裤行业的稳定性

下面在生意参谋中采集近一年男装T恤和休闲裤行业的交易指数，然后在Excel中进行分析，其具体操作如下。

（1）复制数据。登录生意参谋，在"市场"选项卡下选择左侧列表中的"市场大盘"选项，设置采集行业和日期。这里首先切换到男装行业2021年4月的数据，将2021年4月T恤和休闲裤行业对应的交易指数采集到Excel中，如图3-14所示，然后按相同方法采集2021年5月—2022年3月这两个子行业的交易指数。

微课视频

分析男装T恤和休闲裤行业的稳定性

图3-14 | 采集生意参谋中的数据

（2）整理数据。在Excel中适当整理采集的交易指数数据，然后添加日期数据和需要计算的对象名称，如图3-15所示（配套资源：素材\项目三\任务二\行业稳定性.xlsx）。

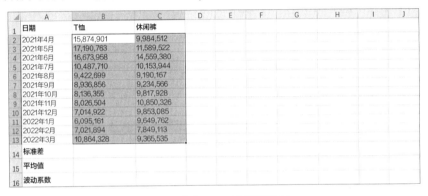

图3-15 | 在Excel中整理数据

（3）选择函数。选择B14单元格，单击编辑栏中的"插入函数"按钮 f_x ，打开"插入函数"对话框，在"或选择类别"下拉列表框中选择"统计"选项，在"选择函数"列表框中选择"STDEV.P"选项，单击 确定 按钮，如图3-16所示。

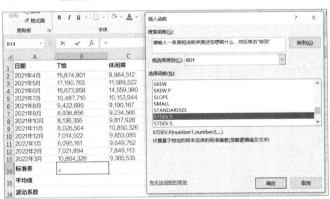

图3-16 | 选择统计类函数

（4）设置参数。打开"函数参数"对话框，在"Number1"文本框中引用B2:B13单元格区域的地址，单击 确定 按钮，如图3-17所示。

图3-17 | 设置函数参数

（5）计算数据。此时将返回标准差的结果。选择B15单元格，可以通过插入函数的方法插入求平均值的函数。如果熟悉该函数语法结构，则可直接在编辑栏中输入"=AVERAGE(B2:B13)"，按【Ctrl+Enter】组合键快速返回结果，如图3-18所示。

（6）计算数据。选择B16单元格，在编辑栏中输入"=B14/B15"，按【Ctrl+Enter】组合键快速返回结果，如图3-19所示。

图3-18 | 计算平均值

图3-19 | 计算波动系数

（7）填充数据。选择B14:B16单元格区域，拖曳所选区域右下角的填充柄至C16单元格，释放鼠标左键快速完成公式和函数的填充，如图3-20所示。由图3-20可知，T恤行业的波动系数远高于休闲裤行业。对于规模较小的商家而言，选择波动系数越大的市场，机会可能就越多；对于中等规模的商家而言，如果持有资源较好，则建议选择波动系数小的市场，因为这种市场做起来后相对更加稳定，只要控制好供应链就行。

图3-20 | 快速填充公式和函数

（8）计算极差。波动系数的缺点在于它与数据本身的大小没有关系，千万元级别和百万元级别的数据得到的波动系数可能相差无几，但数据本身的量级则有较大差别。因此，我们可以进一步利用极差这个指标来显示数据的量级。选择A17单元格，输入"极差"，然后选择B17单元格，在编辑栏中输入"=MAX(B2:B13)-MIN(B2:B13)"，表示用B2:B13单元格区域中的最大值减去该区域的最小值，如图3-21所示。

（9）填充数据。将B17单元格中的公式填充到C17单元格，如图3-22所示（配套资源：效果\项目三\任务二\行业稳定性.xlsx）。由图3-22可知，T恤行业的极差几乎是休闲裤行业的2倍，即前者的体量是后者的2倍。正常情况下，体量越大的行业，其波动系数也就越大，因此二者的行业稳定性从这个角度来看是比较接近的。

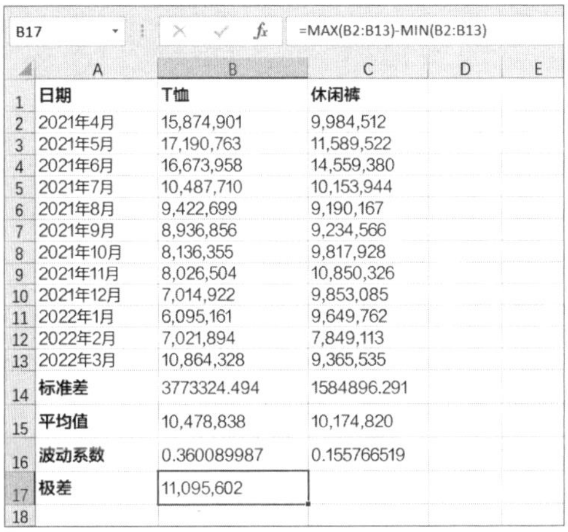

图3-21｜计算极差　　　　　　图3-22｜快速填充公式

2. 分析男装T恤行业的集中度

下面在生意参谋中采集近一个月男装T恤行业排名前50位的品牌的交易指数，然后在Excel中分析该行业的集中度情况，其具体操作如下。

微课视频

分析男装T恤行业的集中度

（1）复制数据。在【市场】/【市场排行】板块中单击"品牌"选项卡，将行业和日期分别设置为男装"T恤"和"30天"，复制前50名品牌及对应的交易指数到Excel中，如图3-23所示。

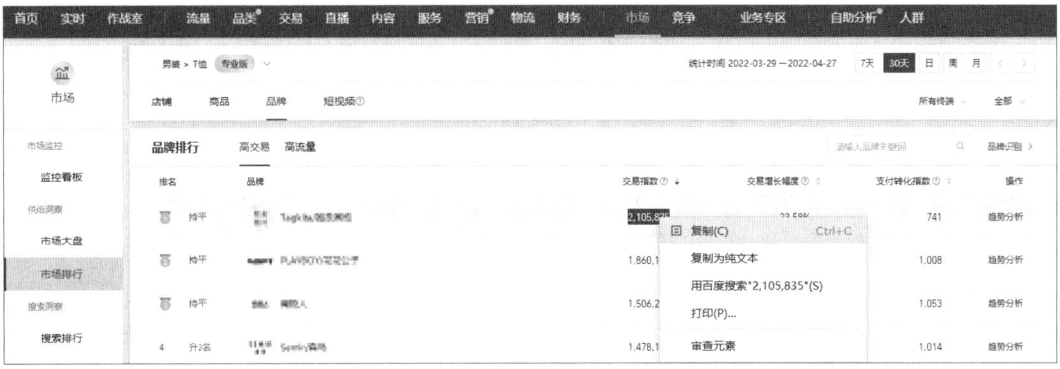

图3-23｜采集生意参谋中的数据

（2）整理数据。在Excel中对品牌和交易指数做适当整理，然后添加"市场份额""市场份额平方值""行业集中度"项目，如图3-24所示（配套资源：素材\项目三\任务二\行业集中度.xlsx）。

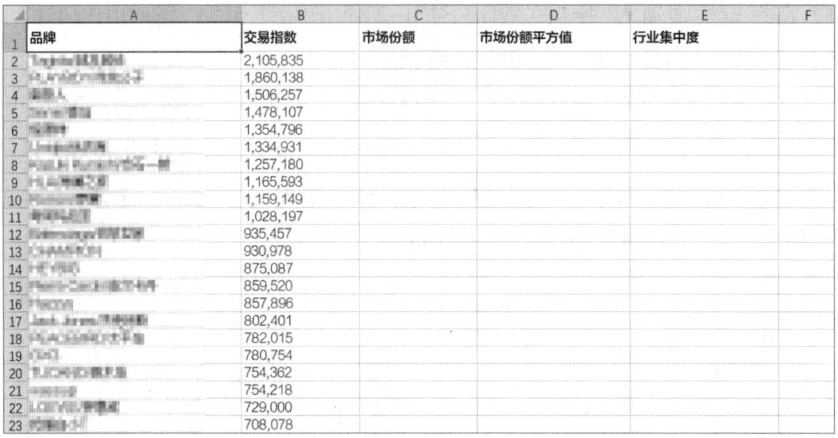

图3-24 | 整理采集的数据

（3）计算数据。选择C2:C51单元格区域，在编辑栏中输入"=B2/SUM(B2:B51)"，表示计算对应品牌的交易指数在50个品牌中占据的市场份额。选择编辑栏中的"B2:B51"，按【F4】键将其转换为绝对引用（即公式不随目标单元格位置的变化而发生相应的变化），然后按【Ctrl+Enter】组合键计算各品牌的市场份额，如图3-25所示。

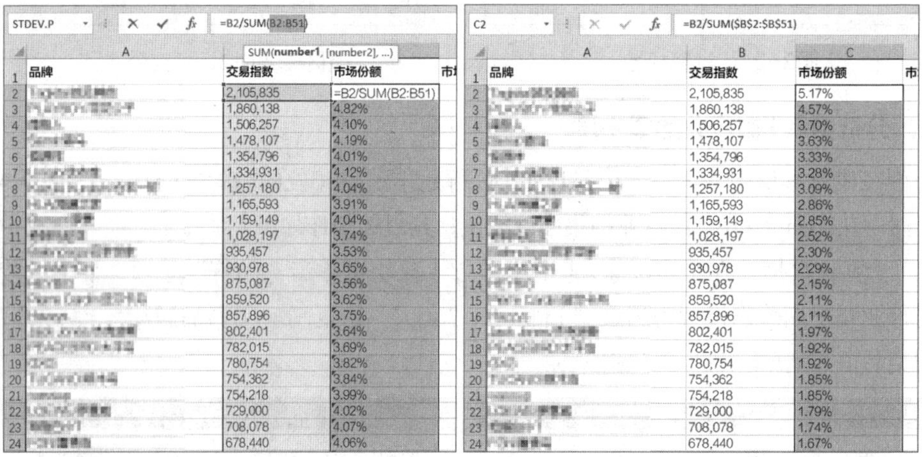

图3-25 | 计算市场份额

（4）计算数据。选择D2:D51单元格区域，在编辑栏中输入"=C2*C2"，按【Ctrl+Enter】组合键计算各品牌各自的市场份额平方值，以便后面计算行业集中度，如图3-26所示。

（5）计算数据。选择E2单元格，在编辑栏中输入"=SUM(D2:D51)"，按【Ctrl+Enter】组合键计算行业集中度，如图3-27所示（配套资源：效果\项目三\任务二\行业集中度.xlsx）。行业集中度的数值越大，说明市场的集中度就越高，当这个值等于1时，表示市场被垄断；这个数值越小，说明市场的集中度就越低，市场越趋于自由竞争。由图3-27可知，男装T恤近一个月的行业集中度为0.023 717 966，说明市场集中度较低。

图3-26 | 计算市场份额平方值

图3-27 | 计算行业集中度

经验之谈

行业集中度的倒数表示有多少个样本可以代表总体。例如，本例中采集的品牌数量为50个，行业集中度的倒数为1÷0.023 717 966≈42，表示上述行业中的42个品牌占据了50个品牌的主要市场份额，这进一步说明行业集中度低，市场趋于自由竞争。

3. 分析男装T恤行业的增幅

下面在生意参谋中采集男装T恤行业近两年的交易指数，然后在Excel中分析该行业的增幅情况，其具体操作如下。

（1）复制数据。在【市场】/【市场大盘】板块中将行业和日期分别设置为男装"T恤"和2020年4月，如图3-28所示，采集从2020年4月到2022年3月的交易指数到Excel中。

（2）整理数据。在Excel中整理采集的交易指数，然后添加"年份""月份""环比增幅""同比增幅"等项目，如图3-29所示（配套资源：素材\项目三\任务二\行业增幅.xlsx）。

微课视频

分析男装T恤行业的增幅

图3-28 | 采集生意参谋中的数据

	A	B	C	D	E
1	年份	月份	交易指数	环比增幅	同比增幅
2	2020	4	10,739,368.00		
3		5	16,927,748.00		
4		6	16,316,373.00		
5		7	10,386,644.00		
6		8	9,730,522.00		
7		9	9,108,926.00		
8		10	8,169,411.00		
9		11	8,928,048.00		
10		12	7,317,643.00		
11	2021	1	6,128,430.00		
12		2	7,543,598.00		
13		3	10,823,355.00		
14		4	15,874,901.00		
15		5	17,190,763.00		
16		6	16,673,958.00		
17		7	10,487,710.00		
18		8	9,422,699.00		
19		9	8,936,856.00		
20		10	8,136,355.00		
21		11	8,026,504.00		
22		12	7,014,922.00		
23	2022	1	6,095,161.00		
24		2	7,021,894.00		
25		3	10,864,328.00		

图3-29 | 在Excel中整理采集的数据

（3）计算数据。选择D3:D25单元格区域，在编辑栏中输入"=(C3-C2)/C2"，按【Ctrl+Enter】组合键计算环比增幅，如图3-30所示。

D3 =(C3-C2)/C2

	A	B	C	D	E
1	年份	月份	交易指数	环比增幅	同比增幅
2	2020	4	10,739,368.00		
3		5	16,927,748.00	57.62%	
4		6	16,316,373.00	−3.61%	
5		7	10,386,644.00	−36.34%	
6		8	9,730,522.00	−6.32%	
7		9	9,108,926.00	−6.39%	
8		10	8,169,411.00	−10.31%	
9		11	8,928,048.00	9.29%	
10		12	7,317,643.00	−18.04%	
11	2021	1	6,128,430.00	−16.25%	
12		2	7,543,598.00	23.09%	
13		3	10,823,355.00	43.48%	
14		4	15,874,901.00	46.67%	
15		5	17,190,763.00	8.29%	
16		6	16,673,958.00	−3.01%	
17		7	10,487,710.00	−37.10%	
18		8	9,422,699.00	−10.15%	
19		9	8,936,856.00	−5.16%	
20		10	8,136,355.00	−8.96%	
21		11	8,026,504.00	−1.35%	
22		12	7,014,922.00	−12.60%	
23	2022	1	6,095,161.00	−13.11%	
24		2	7,021,894.00	15.20%	
25		3	10,864,328.00	54.72%	
26					

图3-30 | 计算环比增幅

（4）计算数据。选择E15:E25单元格区域，在编辑栏中输入"=(C15–C3)/C3"，按【Ctrl+Enter】组合键计算同比增幅，如图3-31所示。

E15		▼	⋮	×	✓	*fx*	=(C15-C3)/C3					

▲	A	B	C	D	E	F	G	H	I	J	K	L
1	年份	月份	交易指数	环比增幅	同比增幅							
2	2020	4	10,739,368.00									
3		5	16,927,748.00	57.62%								
4		6	16,316,373.00	–3.61%								
5		7	10,386,644.00	–36.34%								
6		8	9,730,522.00	–6.32%								
7		9	9,108,926.00	–6.39%								
8		10	8,169,411.00	–10.31%								
9		11	8,928,048.00	9.29%								
10		12	7,317,643.00	–18.04%								
11	2021	1	6,128,430.00	–16.25%								
12		2	7,543,598.00	23.09%								
13		3	10,823,355.00	43.48%								
14		4	15,874,901.00	46.67%								
15		5	17,190,763.00	8.29%	1.55%							
16		6	16,673,958.00	–3.01%	2.19%							
17		7	10,487,710.00	–37.10%	0.97%							
18		8	9,422,699.00	–10.15%	–3.16%							
19		9	8,936,856.00	–5.16%	–1.89%							
20		10	8,136,355.00	–8.96%	–0.40%							
21		11	8,026,504.00	–1.35%	–10.10%							
22		12	7,014,922.00	–12.60%	–4.14%							
23	2022	1	6,095,161.00	–13.11%	–0.54%							
24		2	7,021,894.00	15.20%	–6.92%							
25		3	10,864,328.00	54.72%	0.38%							
26												

图3-31｜计算同比增幅

（5）创建图表。选择"环比增幅"和"同比增幅"两个项目名称所在的单元格，同时按住【Ctrl】键选择这两个项目下从2021年5月开始的环比增幅和同比增幅数据，创建柱形图。

（6）调整图表。适当调整图表大小，删除图表标题和横坐标轴。为图表应用"样式6"效果，选择同比增幅对应的数据系列，在【图表工具 格式】/【形状样式】组中为其应用橙色边框、白色填充的样式，如图3-32所示。

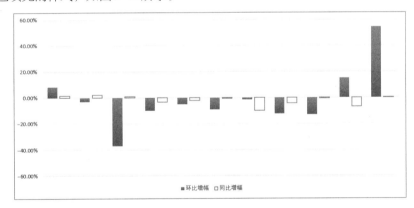

图3-32｜美化图表

（7）分析图表。为图表添加数据标签和文本框，其中文本框用于手动输入各组数据对应的日期，如图3-33所示（配套资源：效果\项目三\任务二\行业增幅.xlsx）。由图3-33可知，在涉及的时间范围内，男装T恤行业环比增幅几乎都是负数，直到最后两个月才转为正数并开始快速增长，而同比增幅从整体来看也多为负数，说明该行业在这段时间的市场数据并不理想。

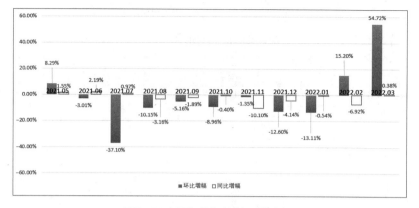

图3-33 | 添加数据标签和文本框

4. 分析男装行业的生命力

下面在生意参谋中采集男装行业下所有子行业近两个月的交易指数，利用市场占比和环比增幅数据创建波士顿矩阵，根据波士顿矩阵来分析各子行业的生命力，其具体操作如下。

（1）复制数据。在【市场】/【市场大盘】板块中将行业和日期分别设置为"男装"和2022年2月，如图3-34所示，采集男装行业下各子行业在2022年2月和3月的交易指数。

微课视频

分析男装行业的生命力

图3-34 | 采集生意参谋中的数据

（2）整理数据。在Excel中整理采集的交易指数，然后添加"市场占比""环比增幅"项目，如图3-35所示（配套资源：素材\项目三\任务二\行业生命力.xlsx）。

（3）计算数据。选择D2:D31单元格区域，在编辑栏中输入"=C2/SUM(C2:C31)"，然后选择编辑栏中的"C2:C31"，按【F4】键将其转换为绝对引用，按【Ctrl+Enter】组合键计算2022年3月男装行业下各子行业的市场占比，如图3-36所示。

图3-35 | 在Excel中整理采集的数据

子行业	2022年2月交易指数	2022年3月交易指数	市场占比	环比增幅
Polo衫	1,420,863	4,065,108	4.06%	
T恤	7,021,894	10,864,328	10.85%	
背心	1,852,136	2,503,300	2.50%	
衬衫	5,136,017	7,736,321	7.72%	
大码男装	1,207,092	1,435,658	1.43%	
风衣	10,470,679	7,590,538	7.58%	
夹克	8,179,415	9,085,007	9.07%	
马甲	917,820	813,978	0.81%	
毛呢大衣	2,217,861	1,331,462	1.33%	
棉裤	343,802	194,557	0.19%	
棉衣	3,612,775	1,406,022	1.40%	
民族服装	448,700	495,190	0.49%	
民族服装（新）	1,097,326	1,397,054	1.39%	
牛仔裤	5,854,512	7,425,159	7.41%	
皮	344,453	191,514	0.19%	
皮裤	316,337	203,136	0.20%	
皮衣	2,723,893	2,514,357	2.51%	
套装	3,462,513	5,567,786	5.56%	
卫裤	2,368,941	2,525,520	2.52%	

图3-36 | 计算各子行业2022年3月的市场占比

（4）计算数据。选择E2:E31单元格区域，在编辑栏中输入"=(C2-B2)/B2"，按【Ctrl+Enter】组合键计算2022年3月男装行业下各子行业的环比增幅，如图3-37所示。

子行业	2022年2月交易指数	2022年3月交易指数	市场占比	环比增幅
Polo衫	1,420,863	4,065,108	4.06%	186.10%
T恤	7,021,894	10,864,328	10.85%	54.72%
背心	1,852,136	2,503,300	2.50%	35.16%
衬衫	5,136,017	7,736,321	7.72%	50.63%
大码男装	1,207,092	1,435,658	1.43%	18.94%
风衣	10,470,679	7,590,538	7.58%	-27.51%
夹克	8,179,415	9,085,007	9.07%	11.07%
马甲	917,820	813,978	0.81%	-11.31%
毛呢大衣	2,217,861	1,331,462	1.33%	-39.97%
棉裤	343,802	194,557	0.19%	-43.41%
棉衣	3,612,775	1,406,022	1.40%	-61.08%
民族服装	448,700	495,190	0.49%	10.36%
民族服装（新）	1,097,326	1,397,054	1.39%	27.31%
牛仔裤	5,854,512	7,425,159	7.41%	26.83%
皮	344,453	191,514	0.19%	-44.40%
皮裤	316,337	203,136	0.20%	-35.78%
皮衣	2,723,893	2,514,357	2.51%	-7.69%
套装	3,462,513	5,567,786	5.56%	60.80%
卫裤	2,368,941	2,525,520	2.52%	6.61%

图3-37 | 计算各子行业2022年3月的环比增幅

（5）创建图表。以市场占比和环比增幅为数据源创建散点图，将图表标题设置为"波士顿矩阵"，删除横网格线和竖网格线，然后适当调整图表的大小。

（6）设置坐标轴。双击纵坐标轴，打开"设置坐标轴格式"任务窗格，根据最小值和最大值，在"横坐标轴交叉"栏中单击选中"坐标轴值"单选项，在右侧的文本框中输入"0.5"，按相同方法将纵坐标轴交叉位置设置为"0.06"，如图3-38所示。

图3-38 | 设置坐标轴交叉位置

（7）添加数据标签。为图表添加数据标签，然后双击添加的数据标签，打开"设置数据标签格式"任务窗格，单击选中"单元格中的值"复选框，打开"数据标签区域"对话框，在"选择数据标签区域"文本框中引用A2:A31单元格区域的地址，单击 确定 按钮，如图3-39所示。

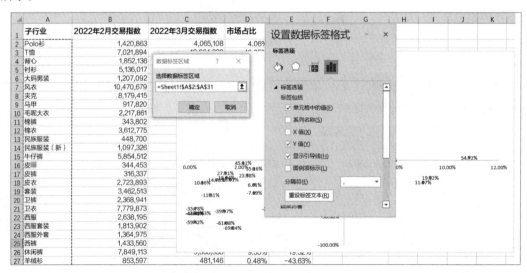

图3-39 | 设置数据标签

（8）分析图表。撤销选中"Y值"复选框，然后在图表中调整数据标签的位置，让所有数据标签能够清晰地显示出来，如图3-40所示（配套资源：效果\项目三\任务二\行业生命力.xlsx）。由图3-40可知，Polo衫和套装行业处于现金牛商品区域，说明该行业处于成熟期，因此仅在所采集数据对应的时期内，这两个行业的销量会有较大的增长。T恤和衬衫行业处于明星商品区域，说明该行业在当前时期有一定的市场前景。而其他大部分行业均处在问题商品和瘦狗商品区域，其市场前景就目前而言不被看好。

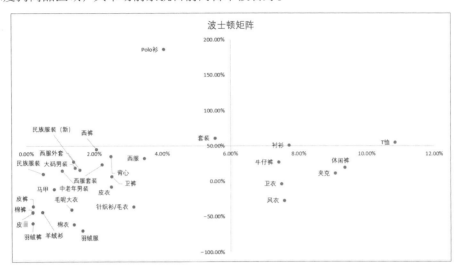

图3-40 | 调整数据标签

项目实训

通过分析市场和行业，商家可以找到更合适的商品，从而在竞争激烈的电子商务环境中存活下来并找到更好的发展方向。下面通过实训进一步巩固市场容量、市场发展趋势及市场潜力的分析方法。

1. 分析男装羊绒衫各子行业的市场容量与发展趋势

男装羊绒衫行业包括羊绒套衫、羊绒开衫、羊绒背心等子行业。本实训将借助生意参谋和Excel对其市场容量与发展趋势进行分析。

【实训目标】

（1）熟悉在生意参谋中获取需要的数据的方法。

（2）掌握使用Excel的数据透视表和数据透视图等功能来分析数据的方法。

【实训要求】

在生意参谋中获取男装羊绒衫各子行业2021年4月—2022年3月的交易指数、交易增长幅度、支付金额较父行业占比、支付子订单数较父行业占比等数据，将数据整理到Excel中，分析这12个月中各子行业支付金额较父行业的占比情况和发展趋势。

【实训步骤】

（1）在生意参谋的"市场大盘"板块中设置行业和日期，按要求采集所需的数据，并在Excel中加以处理（配套资源：素材\项目三\项目实训\市场容量与发展趋势.xlsx）。

（2）利用"子行业"和"支付金额较父行业占比"字段创建数据透视表和数据透视图，然后插入"年""月"切片器。

微课视频

分析男装羊绒衫各子行业的市场容量与发展趋势

（3）通过切片器逐月查看并分析市场容量，如图3-41所示。

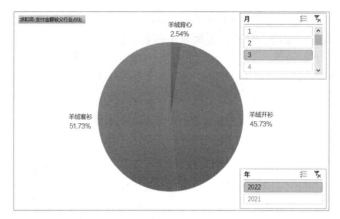

图3-41｜男装羊绒衫各子行业的市场容量

（4）利用"年""月""子行业""支付金额较父行业占比"字段重新创建数据透视表和数据透视图，然后插入"子行业"切片器，查看并分析各子行业的市场发展趋势，如图3-42所示（配套资源：效果\项目三\项目实训\市场容量与发展趋势.xlsx）。

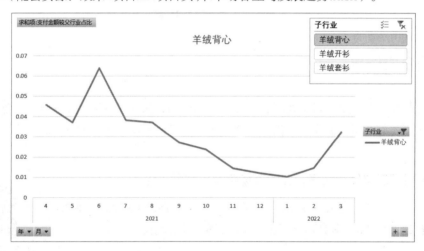

图3-42｜男装羊绒衫各子行业的市场发展趋势

2. 分析男装羊绒衫各子行业的市场潜力

行业的市场潜力需要借助蛋糕指数及市场容量来综合分析。本例将在上例的基础上，进一步分析男装羊绒衫各子行业的市场潜力。

微课视频

分析男装羊绒衫
各子行业的
市场潜力

【实训目标】

（1）掌握蛋糕指数的计算方法。

（2）巩固市场潜力的分析方法。

【实训要求】

在生意参谋中获取男装羊绒衫各子行业2021年4月—2022年3月的支付金额较父行业占比、父行业商家数占比等数据，将数据整理到Excel中，结合上例的市场容量结果，利用蛋糕指数来分析各子行业的市场潜力。

【实训步骤】

（1）在生意参谋的"市场大盘"板块中采集所需的数据，并在Excel中加以整理（配套资源：素材\项目三\项目实训\市场潜力.xlsx）。

（2）利用"子行业"字段创建数据透视表，并添加"蛋糕指数"字段，以此创建数据透视图，插入"年""月"切片器。

（3）查看各子行业的蛋糕指数，分析其市场潜力，如图3-43所示（配套资源：效果\项目三\项目实训\市场潜力.xlsx）。

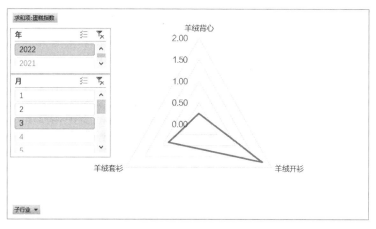

图3-43 | 男装羊绒衫各子行业的市场潜力

 思考与练习

（1）我们身处信息化时代，大数据给我们带来的影响日益显著。对于电子商务市场而言，数据分析也成为越来越多的企业和个人非常看重的日常运营工作。请根据本项目的内容，思考分析市场容量、市场发展趋势、市场潜力、行业稳定性、行业集中度、行业增幅和行业生命力对电子商务运营能起到哪些作用。

（2）请利用本项目介绍的知识，分析男装羊绒衫某个子行业的行业稳定性、行业集中度和近两年的行业增幅情况。

知己知彼
——分析竞争对手数据

◆ 了解竞争对手的界定和数据的采集方法。

◆ 掌握使用生意参谋和店侦探分析竞争对手的操作步骤。

◆ 能够根据自身情况找准竞争对手。

◆ 能够灵活利用生意参谋或店侦探等工具全面分析竞争对手的数据。

引导案例

2013年年初，外卖与团购相比还是一个小众消费的行业。当时，以团购为核心业务的美团开始尝试开发外卖业务，并为此组建了两个调研团队，一个团队负责研究外卖数据和市场规模，另一个团队负责调查国内的两个竞争对手——到家美食会和饿了么。

美团研究并分析了外卖数据和市场规模后，以人口、成本等要素为分析模型，推算出全国在校大学生市场的订单量为150万~200万单。如果把校园市场、职场市场、社区市场等当时可以观测用户行为的所有市场都考虑进来，最终测算出我国外卖市场的体量为每天1 000万单。

市场规模是足够的，接下来就需要研究竞争对手。美团重点研究饿了么，采集饿了么网页上公开显示的订单信息，并对饿了么当时已经进驻的12个城市的订单量加以排序，得到的排序情况显示前5名依次是上海、北京、广州、杭州和福州。积累了足够多团购经验的美团看到这个排序大惑不解，因为美团非常熟悉我国城市消费力的成熟度排名，过往数据显示，福州一般排在30名左右。由此反推，一个关键性的结论就呼之欲出：饿了么可能有25个城市的市场没有做好。而按照当时饿了么进驻了12个城市计算，至少有18个应该进驻而尚未进驻的空白城市，这正是美团的机会所在。

实际上，当时饿了么只是对现有外卖生意做了"线上化"升级，针对的仅仅是已经有外卖业务的餐厅。但美团对外卖的定义则更为超前，认为应该说服那些原本不做外卖的餐厅，以及原本不吃外卖的用户加入进来，形成外卖生态系统。

因此，2013年下半年，美团决定一次性进驻30个城市，其中18个城市是饿了么的空白市场。此后的几年时间，美团一路将自己的市场份额由0%提高到60%以上。仅2021年，美团外卖交易额就达到了6 697亿元，每天有近7 000万名活跃用户，美团真正成了外卖行业的领军者。

任 务 一 使用生意参谋分析竞争对手

任务概述

无论从事哪个行业，都不可避免地会遇到各种竞争对手。我们不应该回避它，而应该通过分析和研究竞争对手来找到自身的问题，并发现市场中的商机等。本任务将带大家正确认识竞争对手，并学习如何使用生意参谋对竞争对手进行分析。

相关知识

1. 竞争对手的界定

资源通常是有限的，因此必然存在争夺资源的情况，同自己争夺各种资源的对象就是竞争对手。根据争夺资源以及经营业务的不同，我们可以界定不同的竞争对手。

- **争夺人力资源**｜本企业员工离职后，在不改变行业、岗位等前提下流向的企业，这些企业就是竞争对手。
- **争夺用户资源**｜在互联网时代，网络游戏、微博等都在抢夺用户的碎片化时间，即用户资源，这也是竞争对手最基本的竞争领域。
- **销售同类商品或服务**｜销售同类商品或服务的企业或个人均是直接的竞争对手，即同业竞争，如可口可乐和百事可乐，它们是典型的直接竞争对手。
- **销售替代类商品**｜如休闲服的替代类商品是体育运动服装等。
- **销售互补类商品**｜互补类商品如汽车和汽油、相机和胶卷等。它们表面上不构成竞争关系，但实际上，企业如果生产电动汽车，那么加油站就是其竞争对手；企业如果生产数码相机，胶卷行业的企业就是其竞争对手。
- **争夺营销资源**｜在同一时段、同一媒介投放广告的其他企业也是竞争对手。
- **争夺生产资源**｜争夺原材料的企业是竞争对手。
- **争夺物流资源**｜电子商务离不开物流，因此争夺物流资源的情况时常发生，这类企业也互为竞争对手。

经验之谈

在电子商务领域，找到竞争对手不难，但找准竞争对手就不容易了。竞争形式往往具有多样性，涵盖了直接竞争、间接竞争、替代竞争等各种竞争关系，而且也不唯一。因此，企业找准竞争对手就是要找到最关键的竞争对手，它不一定是规模最大的，但一定是与自身运营情况极为相似的。

2. 竞争对手数据的采集

采集竞争对手数据的途径有很多，总结起来可以归纳为线下和线上两大途径。线下途径包括购买数据报告、委托专业机构调研、自行进行市场调查等传统方式；线上途径包括直接访问竞争对手的网店，查看其页面设计、主图拍摄效果、商品评价、客服等各方面的信息，或利用生意参谋、店侦探等工具进行数据采集等。

3. 生意参谋"竞争"功能的应用

生意参谋的"竞争"板块提供竞争店铺、竞争商品和竞争品牌分析等功能，各功能的应用如下。

- **竞争店铺分析**｜该功能用于分析淘宝网和天猫上指定的店铺数据，使用前需手动配置需要监控的店铺，然后可以分析竞争店铺各项指标的趋势和数据，并可与自家店铺的数据进行实时对比，还可以查看竞争店铺热销商品的交易指数、流量指数、交易构成情况等数据。
- **竞争商品分析**｜该功能用于分析淘宝网和天猫上指定的商品数据，使用前需手动配置需要监控的商品，然后可以分析竞争商品各项指标的趋势和数据，并可与自己商品的数据进行实时对比，还可分析竞争商品关键词的引流和成交情况，以及入店来源情况等数据。

- **竞争品牌分析**｜该功能用于分析淘宝网和天猫上指定的品牌数据，使用前同样需手动配置需要监控的品牌，然后可以分析竞争品牌各项指标的趋势和数据，还可以分析竞争品牌的交易数据、流量数据、关键成交构成数据，以及品牌的人群画像情况等数据。

任务实施

微课视频

在生意参谋中分析竞争店铺数据

1. 在生意参谋中分析竞争店铺数据

生意参谋提供强大的"竞争"分析功能。进入生意参谋后，单击顶部导航栏中的"竞争"选项卡便可进行分析。下面介绍如何利用该功能来配置竞争对手，并对竞争店铺进行分析，其具体操作如下。

（1）配置竞争店铺。在生意参谋的"竞争"选项卡下选择左侧列表中的"监控店铺"选项，然后单击页面右上角的"竞争配置"超链接，进入竞争店铺配置的页面。

（2）添加竞争店铺。此时"监控店铺列表"区域显示已经添加的竞争店铺，单击相应的"更改"超链接可重新选择竞争对手，单击"取消"超链接可删除该竞争对手。如果要添加新的竞争对手，则可单击"添加"按钮 ⊞，在打开的下拉列表中输入或复制店铺首页链接或输入店铺名称，如图4-1所示，然后按【Enter】键查询店铺信息。

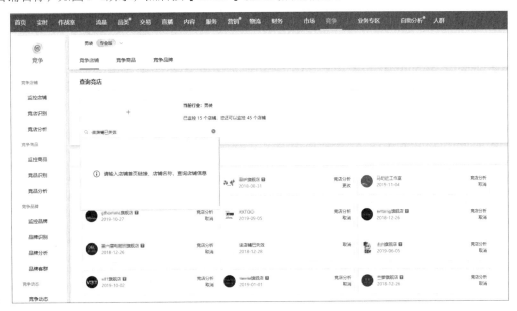

图4-1｜添加竞争店铺

经验之谈

生意参谋可以监控的竞争店铺的数量是有限制的，因此我们应该选择真正符合条件的店铺作为竞争对手，不浪费有限的名额。另外，配置竞争店铺的方法同样适用于配置竞争商品和竞争品牌。

（3）查看流失竞争店铺情况。选择左侧列表中的"竞店识别"选项，此时将以四象限图的形式显示配置的所有流失竞争店铺情况，如图4-2所示。流失竞争店铺指的是用户访问自己店铺后，又访问竞争店铺甚至成交的情况。一般来说，处在"高流失高销量"象限的竞争店铺是最大的竞争对手，处在"低流失低销量"象限的竞争店铺还不足以构成严重的威胁。

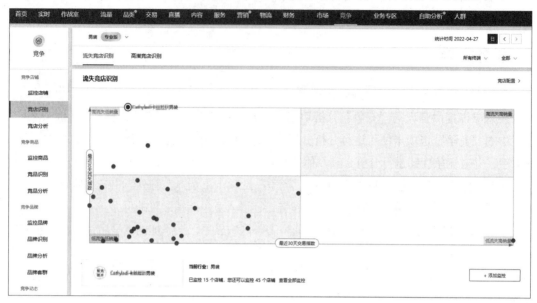

图4-2│通过四象限图分析流失竞争店铺情况

（4）查看竞争店铺重要指标变化趋势。在四象限图中单击某个竞争店铺对应的数据点，可在下方进一步查看该店铺重要指标的变化趋势，包括流量指数、支付转化指数、交易指数和客群指数（体现支付的用户数量，该指数高，说明支付的用户数量多），如图4-3所示。

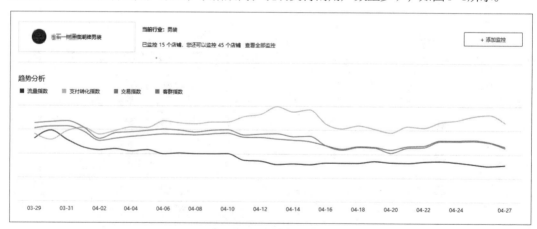

图4-3│查看竞争店铺重要指标变化趋势

（5）竞争店铺对比分析。选择左侧列表中的"竞店分析"选项，在显示的页面中添加需要与本店进行对比分析的竞争店铺，此时将显示两个店铺在指定时期内关键指标的对比情况，如图4-4所示。由图4-4可知，本店在前期的交易指数不及竞争店铺，但后期逐渐追赶了上来。

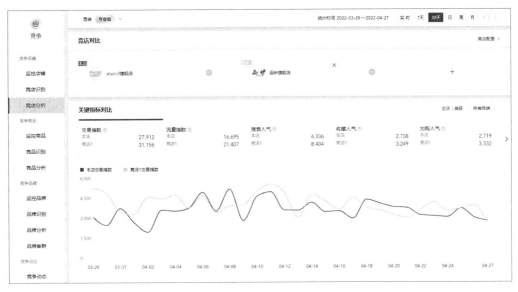

图4-4｜对比分析竞争店铺的关键指标

（6）竞争店铺商品分析。滚动鼠标滚轮，在页面下方可以对比本店与竞争店铺主要商品的交易指数和流量指数，如图4-5所示。

图4-5｜对比分析竞争店铺的主要商品

（7）竞争店铺交易构成分析。继续滚动鼠标滚轮，在页面下方可以对比本店与竞争店铺的交易构成情况，包括交易类目构成和价格带构成，如图4-6所示。由图4-6可知，竞争店铺的类目和价格带相比本店都更加单一。

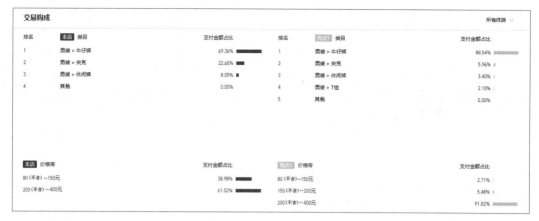

图4-6｜对比分析竞争店铺的交易构成情况

2. 在生意参谋中分析竞争商品数据

下面在生意参谋中分析竞争商品数据，其具体操作如下。

（1）识别流失竞争商品。选择左侧列表中的"竞品识别"选项，此时将按某个流失指标来统计流失量最多的竞争商品情况。图4-7所示为按流失金额等降序排列的竞争商品情况，这些竞争商品是本店商品最大的竞争对手。

微课视频

在生意参谋中分析竞争商品数据

图4-7｜分析流失竞争商品的情况

（2）竞争商品数据分析。选择左侧列表中的"竞品分析"选项，选择一个本店商品和竞争商品，此时将显示二者在指定时期的关键指标对比及其趋势变化，如图4-8所示。由图4-8可知，在该时期，本店商品的流量指数一直都比竞争商品高，且差距逐渐增大。

（3）搜索词分析。滚动鼠标滚轮，在页面下方可以查看两个商品的引流关键词和成交关键词，如图4-9所示。由图4-9可知，无论是引流还是成交，本店商品的数据都比竞争商品的数据表现得更好。

图4-8 | 对比分析竞争商品的关键指标及其趋势变化

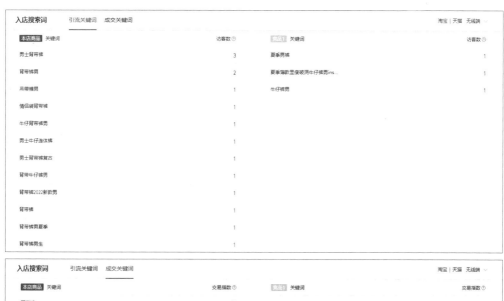

图4-9 | 对比分析竞争商品的搜索词

（4）入店来源分析。滚动鼠标滚轮，在页面底部可以查看两个商品的入店来源情况，如图4-10所示。由图4-10可知，本店商品和竞争商品的入店来源渠道都比较多样，但在访客数指标上，本店商品的数据比竞争商品的数据表现得更好。

 视野拓展

过去几年，在良好的市场竞争氛围下，我国电子商务交易规模逐年增长。在疫情防控期间，电子商务不仅实现了交易规模逆势增长，还在保障民生中发挥了重要作用。

入店来源 无线端

对比指标 访客数 客群指数 支付转化指数 交易指数

流量来源	本店商品访客数	竞品1 访客数	操作
直通车	3,715	79	趋势
手淘搜索	1,192	299	趋势
手淘推荐	224	47	趋势
我的淘宝	171	127	趋势
购物车	130	87	趋势
手淘旺信	73	22	趋势
淘内免费其他	40	16	趋势
手猫搜索	37	3	趋势
手淘拍立淘	20	2	趋势
手淘消息中心	19	—	趋势

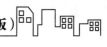

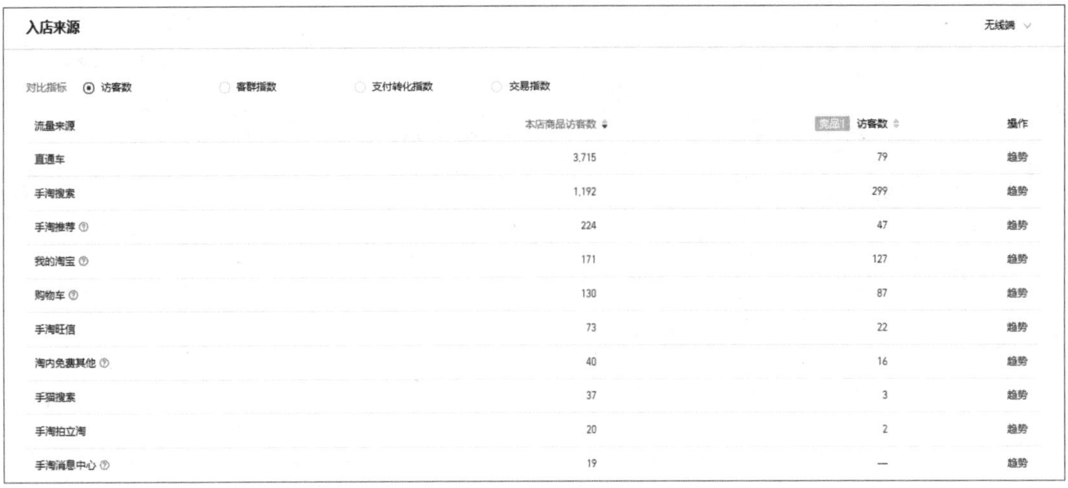

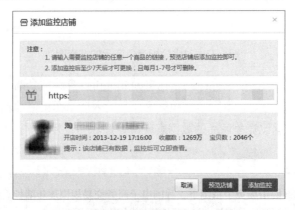

图4-10｜对比分析竞争商品的入店来源

任务二 使用店侦探分析竞争对手

任务概述

店侦探是一款专门用于监控竞争对手相关指标数据的工具，它可以分析竞争店铺、竞争商品，展现关键词等，对分析竞争对手数据有很大帮助。本任务将介绍如何使用店侦探来分析竞争对手的各项数据。

相关知识

1. 监控中心

注册并登录店侦探网站，选择左侧列表中“监控中心”选项下的“店铺管理”选项，然后单击右侧的 添加监控店铺 按钮。此时将打开“添加监控店铺”对话框，在其中的文本框中输入或复制竞争店铺的某个商品的网址，单击 添加监控 按钮可添加竞争店铺，如图4-11所示。

图4-11｜添加竞争店铺

 **经验之谈**

如果要添加竞争商品，首先需要添加竞争商品所在的竞争店铺，然后选择左侧列表中"监控中心"选项下的"重点监控宝贝"选项，单击 添加宝贝 按钮，在打开的对话框中输入或复制竞争商品的网址，即可进行添加。

2. 监控店铺分析

选择左侧列表中的"监控店铺分析"选项，在展开的列表中查看竞争店铺的各种数据选项，包括整店状况、销售分析、流量来源、活动分析、宝贝分析等。选择某个选项，展开其下的子列表，在其中选择需要分析的选项就可以查看具体的数据情况了。图4-12所示为选择"整店状况"选项下的"DSR（Detail Seller Rating，卖家服务评分系统）走势"选项后，显示的竞争店铺的DSR评分数据。

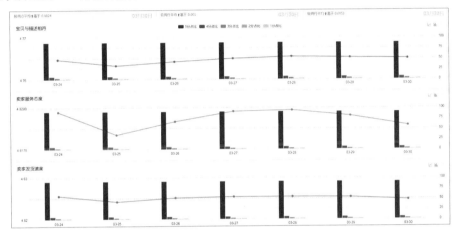

图4-12 | 竞争店铺的DSR评分数据

3. 关键词分析

单击店侦探顶部导航栏中的"全网展示词"选项卡，在显示的页面中输入需要分析的关键词，如"新款"，单击"搜索"按钮 🔍 ，可查看淘宝网的关键词综合搜索排名情况，如图4-13所示。

排名	宝贝名称	关键词数	价格	月销量	店铺掌柜旺旺	信用	累计评价	收藏量
第1页第1位		1	￥849.00	221		T	46	712
第1页第2位		11	￥188.00	7324		T	1845	63140
第1页第3位		21	￥59.00	15040		T	3475	24618
第1页第4位		11	￥398.00	2305		T	1294	2042
第1页第5位		21	￥597.89	6473		T	6916	13396
第1页第6位		47	￥1980.00	2072		T	1214	25434
第1页第7位		1	￥88.00	53008		T	44257	123296
第1页第8位		16	￥378.00	6522		T	8122	28484
第1页第9位		18	￥898.00	614		T	609	1576
第1页第10位		22	￥278.00	7500		T	4488	10864

图4-13 | 关键词综合搜索排名情况

任务实施

1. 在店侦探中分析竞争店铺数据

店侦探是分析竞争对手的有效工具之一，它不仅具备强大的在线分析功能，还允许将数据导出到Excel中，以便根据需要进一步整理和分析数据。下面介绍利用该工具分析竞争店铺数据的方法，其具体操作如下。

微课视频

在店侦探中分析
竞争店铺数据

（1）添加店铺。在淘宝网或天猫中找到并访问竞争店铺的某个商品，复制地址栏中的网址。

（2）监控竞争店铺。登录店侦探，选择左侧列表中"监控中心"选项下的"店铺管理"选项，然后单击右侧的 添加监控店铺 按钮，打开"添加监控店铺"对话框，在其中的文本框中粘贴复制的网址，单击 添加监控 按钮添加竞争店铺。

（3）分析店铺。在左侧列表中选择"整店状况"选项下的"七天透视"选项，单击选中页面右上方的"销售""宝贝""展现引流""营销"复选框，可查看该店铺近7天对应的数据，如图4-14所示。通过分析可以发现，该店铺每日销售量较为稳定，且动销率（销售商品数/总商品数）都超过了50%，说明店铺的大部分商品都较受青睐。店铺几乎每日都会修改和优化多个商品标题，说明商家多倚重标题来吸引自然流量。进一步分析展现引流数据，可知该店铺的绝大多数流量来自移动端的自然引流词，说明修改和优化商品标题的效果较为明显。最后，该店铺参与的活动较少，主要参与搭配减、免邮的促销活动，以及淘金币与集分宝的站内活动。

		03月30日	03月29日	03月28日	03月27日	03月26日	03月25日	03月24日
销售分析	销售量	784件	788件	934件	952件	890件	912件	758件
	估算销售额	7.61万元	7.76万元	9.16万元	9.34万元	8.72万元	8.33万元	7.38万元
	销售商品数	110种	112种	121种	128种	142种	133种	113种
	动销率	62.15%	63.28%	67.98%	71.11%	69.95%	65.84%	55.67%
宝贝分析	总宝贝数	177个	177个	178个	180个	203个	202个	203个
	新品打标	0个	0个	0个	0个	77个	0个	0个
	搜索降权	0个	0个	0个	0个	0个	0个	0个
	上新	0个	0个	0个	0个	0个	0个	3个
	下线	0个	1个	2个	23个	1个	1个	0个
	改价	10个	8个	1个	1个	1个	0个	0个
	改标题	9个	10个	11个	12个	1个	0个	16个

				03月30日	03月29日	03月28日	03月27日	03月26日	03月25日	03月24日
展现引流分析	免费		总引流宝贝	41个	33个	31个	33个	32个	28个	31个
			总引流词	279个	185个	120个	95个	129个	104个	100个
			自然引流宝贝	41个	32个	31个	33个	31个	28个	31个
			自然引流词	277个	183个	120个	94个	123个	98个	99个
			豆腐块宝贝	-	-	-	-	-	-	-
			豆腐块词	-	-	-	-	-	-	-
	付费		左侧直通车宝贝	0个	0个	0个	0个	0个	0个	0个
			左侧直通车词	0个	0个	0个	0个	0个	0个	0个
			直通车宝贝	2个	1个	0个	1个	1个	1个	0个
			直通车词	2个	2个	0个	1个	6个	6个	0个
	移动端免费		自然引流宝贝	41个	30个	29个	32个	30个	26个	27个
			自然引流词	269个	175个	110个	91个	112个	91个	88个
			首屏宝贝	2个	1个	1个	1个	1个	0个	0个
			首屏词	3个	1个	1个	0个	1个	0个	0个
	移动端付费		直通车宝贝	1个	1个	1个	1个	1个	1个	1个
			直通车词	1个	1个	0个	1个	5个	6个	1个

图4-14 | 店铺近7天的数据

营销分析	促销	满减	–	–	–	–	–	–	–
		搭配减	44个	44个	44个	49个	47个	47个	47个
		免邮	177个	178个	180个	203个	204个	201个	204个
	站内活动	聚划算	–	–	–	–	–	–	–
		闲抢购	–	–	–	–	–	–	–
		天天特价	–	–	–	–	–	–	–
		淘微店	–	–	–	–	–	–	–
		淘金币	177个	177个	178个	180个	203个	202个	201个
		聚分宝	177个	179个	180个	203个	204个	201个	204个
	站外活动	折800	–	–	–	–	–	–	–
		慧购	–	–	–	–	–	–	–
		返还网	–	–	–	–	–	–	–
		大海券	–	–	–	–	–	–	–
		惠惠折	–	–	–	–	–	–	–
		利惠	–	–	–	–	–	–	–
		比购网	–	–	–	–	–	–	–
		1折网	–	–	–	–	–	–	–
		众划算	–	–	–	–	–	–	–
		没得比	–	–	–	–	–	–	–

图4-14 | 店铺近7天的数据（续）

2. 采集并分析店侦探中的竞争店铺数据

为了进一步分析竞争店铺数据所反映的情况，下面需要将店侦探中的数据采集到Excel中，借助Excel的计算与分析功能来分析数据，其具体操作如下。

微课视频

采集并分析店侦探中的竞争店铺数据

（1）导出数据。在店侦探左侧列表中选择"宝贝分析"选项下的"宝贝列表"选项，此时页面中将显示该竞争店铺的所有商品数据，单击 [导出] 按钮，如图4-15所示。

图4-15 | 导出商品数据

（2）下载数据。启动浏览器的下载功能并打开相应的下载对话框，设置数据下载后的保存名称和保存位置，单击 [下载] 按钮导出数据。

（3）整理数据。打开下载的数据文件，将其中的数据复制到Excel中，并去掉货号、宝贝链接等项目数据，适当调整数据格式，如图4-16所示（配套资源：素材\项目四\任务二\店侦探.xlsx）。

（4）查看类目。选择"类目"项目下任意包含数据的单元格，在【数据】/【排序和筛选】组中单击"筛选"按钮▼，然后单击"类目"项目右侧出现的下拉按钮▾，在打开的下拉列表中可看到该店铺经营的所有商品类目，如图4-17所示。

（5）统计数据。在表格下方新建"总计"行和"平均"行，利用求和函数和求平均值函数计算各项指标的总和与平均值，如图4-18所示（配套资源：效果\项目四\任务二\店侦探.xlsx）。我们通过平均值可以知道该店铺近7天中，所有商品的平均浏览量为1 287.27次，商品的平均价格折扣力度不大，平均每个商品的收藏量为3 843.80次、评价数为265.33次，平均每个商品的估算日销售额为1 211.97元、日销量为13.77件、7天销量为113.70件、30天销量为695.63件，30天付款人数为467.60人次。将这些数据与本店相同数据进行对比，就可以分析出竞争店铺与本店相比的运营情况。

类目	创建时间	浏览量/次	标价/元	折扣价/元	收藏量/次	评价数/次	估算日销售额/元	日销量/件	7天销量/件	7天销量升降	30天销量/件	30天付款人数/人次
男装 >> 风衣	2022/2/8 10:51	2811	69	69	8882	765	1449	21	130	-5.80%	1716	853
男装 >> 毛衣	2022/1/5 17:31	1765	99	92	10290	181	6256	68	510	33.86%	1545	1357
男装 >> 牛仔裤	2022/2/8 10:49	1811	69	69	4480	556	621	9	66	-51.47%	1231	646
男装 >> 牛仔裤	2022/3/3 18:03	1367	79	89	5580	81	2765	35	286	-20.56%	1178	948
男装 >> 牛仔裤	2022/1/26 14:09	3927	88	88	10054	1000	176	2	39	-33.90%	1019	607
男装 >> 马甲	2022/2/2 10:57	1428	79	79	5234	342	316	4	51	-33.77%	932	519
男装 >> 马甲	2022/2/2 11:28	1028	69	69	4558	217	1587	23	193	6.63%	882	599
男装 >> 牛仔裤	2022/1/26 14:02	2061	75	69	5966	785	690	10	52	33.33%	851	492
男装 >> 毛衣	2022/3/5 16:09	1046	99	92	4656	73	3680	40	284	20.34%	813	678
男装 >> 毛衣	2022/3/7 15:36	849	69	69	2004	123	2001	29	183	-12.02%	788	628
男装 >> 衬衫	2022/1/26 11:57	5448	79	99	16264	1052	316	4	73	329.41%	735	367
男装 >> 毛衣	2022/2/2 11:34	784	79	79	2716	198	1738	22	167	9.87%	719	520
男装 >> 毛针织衫	2022/3/1 16:37	1131	98	92	1910	142	184	2	66	17.86%	646	453
男装 >> 毛衣	2022/3/7 15:39	780	88	82	2798	51	2132	26	171	-14.07%	625	502
男装 >> 毛呢外套	2022/3/3 17:58	1099	329	318	2896	67	4770	15	120	-23.57%	604	520
男装 >> 毛衣	2022/2/2 11:04	900	69	69	2588	159	69	1	53	-24.29%	599	357
男装 >> 休闲裤	2022/2/21 17:32	710	75	69	1538	75	621	9	119	-19.05%	565	431
男装 >> 毛衣	2022/2/2 11:16	1155	79	79	2286	275	0	0	45	-38.36%	552	334
男装 >> 毛衣	2022/2/21 15:23	796	105	99	2686	76	297	3	99	-23.26%	506	402
男装 >> 休闲裤	2022/2/8 11:30	737	69	69	890	143	690	10	98	40.00%	476	322
男装 >> 毛衣	2022/2/15 15:30	902	88	88	4160	149	616	7	52	18.18%	464	261
男装 >> 毛针织衫	2022/2/15 14:42	702	49	49	854	271	637	13	38	-2.56%	449	192
男装 >> T恤	2022/2/14 17:08	944	69	69	1358	315	483	7	54	14.89%	440	258
男装 >> T恤	2022/1/26 11:10	1048	55	55	3232	430	110	2	37	-17.78%	408	225
男装 >> 牛仔裤	2022/3/7 16:39	671	89	89	2246	41	632	6	84	-20.75%	376	296
男装 >> 毛针织衫	2022/2/13 10:17	539	79	79	1000	105	474	6	60	57.89%	367	209
男装 >> 风衣	2022/2/28 19:27	760	98	92	1522	149	184	2	38	-17.39%	366	256

图4-16 | 整理数据

图4-17 | 查看所有商品类目

类目	创建时间	浏览量/次	标价/元	折扣价/元	收藏量/次	评价数/次	估算日销售额/元	日销量/件	7天销量/件	7天销量升降	30天销量/件	30天付款人数/人次
男装 >> 风衣	2022/2/8 10:51	2811	69	69	8882	765	1449	21	130	-5.80%	1716	853
男装 >> 毛衣	2022/1/5 17:31	1765	99	92	10290	181	6256	68	510	33.86%	1545	1357
男装 >> 休闲裤	2022/2/8 10:49	1811	69	69	4480	556	621	9	66	-51.47%	1231	646
男装 >> 牛仔裤	2022/3/3 18:03	1367	79	89	5580	81	2765	35	286	-20.56%	1178	948
男装 >> 牛仔裤	2022/1/26 14:09	3927	88	88	10054	1000	176	2	39	-33.90%	1019	607
男装 >> 马甲	2022/2/2 10:57	1428	79	79	5234	342	316	4	51	-33.77%	932	519
男装 >> 马甲	2022/2/2 11:28	1028	69	69	4558	217	1587	23	193	6.63%	882	599
男装 >> 牛仔裤	2022/1/26 14:02	2061	75	69	5966	785	690	10	52	33.33%	851	492
男装 >> 毛衣	2022/3/5 16:09	1046	99	92	4656	73	3680	40	284	20.34%	813	678
男装 >> 风衣	2022/3/7 15:36	849	69	69	2004	123	2001	29	183	-12.02%	788	628
男装 >> 衬衫	2022/2/2 11:34	784	79	79	2716	198	1738	22	73	329.41%	735	367
男装 >> 毛针织衫	2022/3/1 16:37	1131	98	92	1910	142	184	2	66	9.87%	719	520
男装 >> 毛针织衫	2022/3/7 15:39	780	88	82	2798	51	2132	26	171	17.86%	646	453
男装 >> 毛衣	2022/3/3 17:58	1099	329	318	2896	67	4770	15	120	-14.07%	625	502
男装 >> 毛呢外套	2022/2/2 11:04	900	69	69	2588	159	69	1	53	-23.57%	604	520
男装 >> 休闲裤	2022/2/2 11:16	710	75	69	1538	75	621	9	119	-24.29%	599	357
男装 >> 毛衣	2022/2/21 17:32	1155	79	79	2286	275	0	0	45	-19.05%	565	431
男装 >> 毛衣	2022/8/11 30	737	69	69	2686	76	297	3	99	-38.36%	552	334
男装 >> 毛衣	2022/2/21 15:23	796	105	99	890	143	690	10	98	-23.26%	506	402
男装 >> 休闲裤	2022/2/8 11:30	737	69	69	890	143	690	10	98	40.00%	476	322
男装 >> 毛衣	2022/2/15 15:30	902	88	88	4160	149	616	7	52	18.18%	464	261
男装 >> 毛针织衫	2022/2/15 14:42	702	49	49	854	271	637	13	38	-2.56%	449	192
男装 >> T恤	2022/2/14 17:08	944	69	69	1358	315	483	7	54	14.89%	440	258
男装 >> T恤	2022/1/26 11:10	1048	55	55	3232	430	110	2	37	-17.78%	408	225
男装 >> 牛仔裤	2022/3/7 16:39	671	89	89	2246	41	632	6	84	-20.75%	376	296
男装 >> 毛针织衫	2022/2/13 10:17	539	79	79	1000	105	474	6	60	57.89%	367	209
男装 >> 风衣	2022/2/28 19:27	760	95	89	1224	54	890	10	34	-28.95%	344	229
男装 >> 牛仔裤	2022/3/3 13:22	509	95	89	1224	54	890	10	34	-28.95%	344	229
男装 >> 休闲裤	2022/3/8 10:32	377	79	79	604	50	711	9	114	4.17%	339	281
	总计:	38618.00			115314.00	7960.00	36359.00	413.00	3411.00		20869.00	14028.00
	平均:	1287.27	88.17	86.93	3843.80	265.33	1211.97	13.77	113.70		695.63	467.60

图4-18 | 统计店铺各项数据

项目实训

分析竞争对手是挖掘市场信息、提高自身竞争力的有效途径。通过分析竞争对手的数据，我们可以更好地经营自己的店铺。下面通过两个实训进一步介绍使用生意参谋和店侦探分析竞争对手数据的操作。

1. 在生意参谋中分析竞争品牌数据

通过对竞争品牌数据进行分析，我们可以了解该品牌在市场中受欢迎的程度，以及经营该品牌的店铺的运营情况，最终了解竞争对手的各方面数据。本实训将利用生意参谋来分析竞争品牌数据。

微课视频

在生意参谋中分析竞争品牌数据

【实训目标】

（1）掌握添加竞争品牌的操作。

（2）掌握分析竞争品牌各方面数据的操作。

【实训要求】

利用生意参谋添加竞争品牌，并重点分析品牌关键指标、查看品牌热销商品、分析类目、分析价格，以及分析客群等。

【实训步骤】

（1）进入生意参谋的"竞争"板块，选择左侧列表中的"监控品牌"选项，然后单击右上角的"竞争配置"超链接。在显示的页面中单击"添加"按钮+，输入品牌名称，并在打开的下拉列表中选择需要添加的品牌，如图4-19所示。

图4-19｜添加品牌

（2）查看该品牌近一个月的流量指数、支付转化指数、交易指数、客群指数等指标的变化趋势，单击 +添加监控 按钮，并在打开的对话框中单击 确定 按钮便可监控该品牌的数据，如图4-20所示。

（3）选择左侧列表中的"品牌分析"选项，然后选择添加的品牌，此时可以查看该品牌近30天的交易指数、流量指数、搜索人气、收藏人气等关键指标。图4-21所示为交易指数的变化趋势。

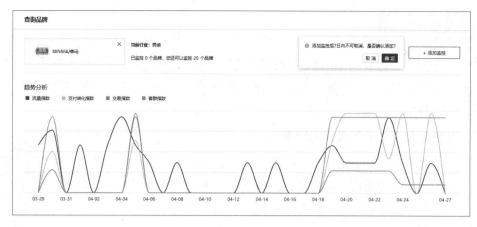

图4-20 ｜ 监控品牌的数据

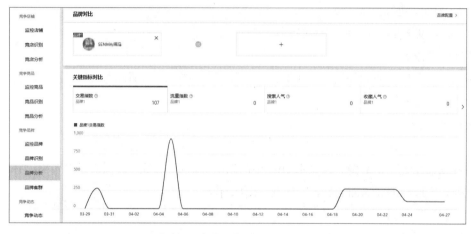

图4-21 ｜ 交易指数的变化趋势

（4）向下滚动页面，可以查看该品牌的人气商品和人气网店，单击"TOP商品榜"栏或"TOP店铺榜"栏右侧的"热销"或"流量"选项卡，可查看对应的数据，如图4-22所示。根据这些热销商品和流量高的商品的相关数据，我们可以确定进货方向，避免经营该品牌的冷门商品。

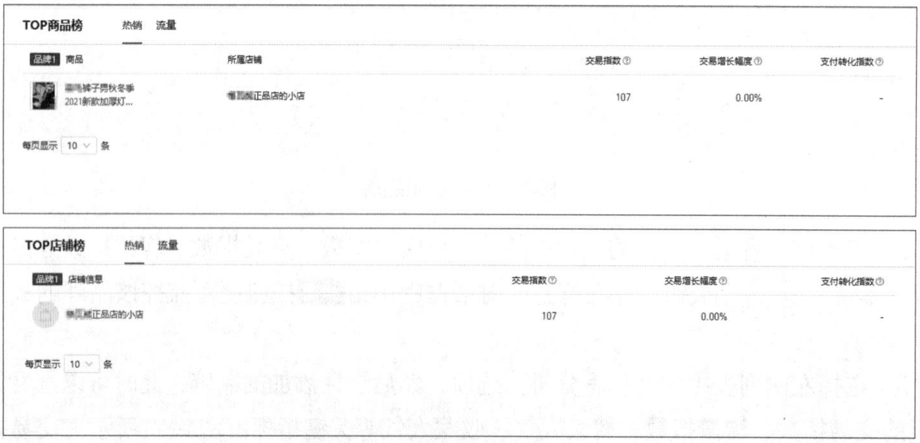

图4-22 ｜ 热销商品及热销店铺

（5）向下滚动页面，可查看该品牌涉及的子类目的交易情况和价格带情况，如图4-23所示。其中可以看到该品牌下只有"卫裤"这个子类目产生了交易额，说明其他子类目在该时期受市场欢迎的程度不高。

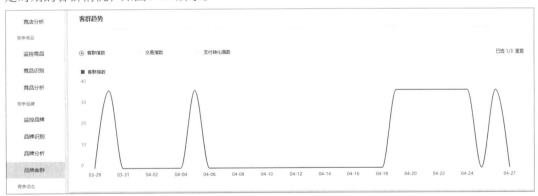

排名	品牌1 子类目	支付金额占比 ⓘ ▾	访客数占比 ⓘ	支付商品数占比 ⓘ	有支付卖家数占比 ⓘ	操作
1	卫裤	100.00%	-	100.00%	100.00%	查看趋势
2	套装	0.00%	-	0.00%	0.00%	查看趋势
3	休闲裤	0.00%	-	0.00%	0.00%	查看趋势
4	T恤	0.00%	-	0.00%	0.00%	查看趋势
5	针织衫/毛衣	0.00%	-	0.00%	0.00%	查看趋势
6	夹克	0.00%	-	0.00%	0.00%	查看趋势
7	卫衣	0.00%	-	0.00%	0.00%	查看趋势
8	西服	0.00%	-	0.00%	0.00%	查看趋势
9	牛仔裤	0.00%	-	0.00%	0.00%	查看趋势
10	Polo衫	0.00%	-	0.00%	0.00%	查看趋势

每页显示 10 条 〈 上一页 1 2 下一页 〉

品牌1 价格带	支付商品数	支付金额占比
150.0～215.0	10	100.00%

图4-23 | 品牌子类目交易情况和价格带情况

（6）选择左侧列表中的"品牌客群"选项，并选择需要分析的品牌，可分析该品牌在指定时期的客群情况，如图4-24所示。

图4-24 | 品牌的客群情况

2. 利用店侦探和Excel分析竞争对手数据

店侦探中关于竞争对手的数据是比较全面和准确的，我们可以下载需要的数据，然后导入Excel中，根据自己的需要进行数据统计和分析。本实训便按照这种方法来分析竞争对手的数据。

【实训目标】

（1）掌握店侦探的使用方法。

（2）掌握导出店侦探数据的操作。

（3）进一步掌握Excel的使用方法。

微课视频

利用店侦探和
Excel分析竞争
对手数据

【实训要求】

添加竞争店铺，利用店侦探的监控店铺分析功能分析该店铺最近7天的销售、商品、展现引流和营销等方面的数据，然后查看并导出该店铺的所有商品数据，并整理到Excel中以便做进一步数据分析。

【实训步骤】

（1）在淘宝网或天猫中找到并访问竞争店铺的某一款商品，复制地址栏中的网址。然后登录店侦探，选择左侧列表中"监控中心"选项下的"店铺管理"选项，单击右侧的 添加监控店铺 按钮，在打开的对话框中粘贴复制的网址，并添加竞争店铺。

（2）选择左侧列表中"整店状况"选项下的"七天透视"选项，单击选中页面右上方的"销售""宝贝""展现引流""营销"复选框，查看该店铺近7天对应的数据。

（3）选择左侧列表中"宝贝分析"选项下的"宝贝列表"选项，查看该竞争店铺的所有商品数据，单击 导出 按钮。此时将打开当前浏览器的下载对话框，设置数据下载后的保存名称和保存位置，单击 下载 按钮，如图4-25所示。

图4-25 | 导出商品数据

（4）打开下载的数据文件，将其中的数据复制到Excel中，并适当进行整理，如图4-26所示（配套资源：素材\项目四\项目实训\店侦探.xlsx）。

类目	浏览量/次	标价/元	折扣价/元	收藏量/次	评价数/次	估算日销售额/元	日销量/件	7天销量/件	7天销量升降	30天销量/件	30天付款人数/人次
男装 >> 休闲裤	1402	99	99	4030	195	495	5	23	-11.54%	238	122
男装 >> T恤	502	49	49	360	172	0	0	25	-37.50%	212	114
男装 >> 毛针织衫	324	69	69	332	36	414	6	35	-25.53%	210	157
男装 >> 毛针织衫	331	88	88	898	13	1760	20	97	40.58%	205	185
男装 >> 休闲裤	419	79	79	286	53	395	5	28	-9.68%	204	164
男装 >> 卫衣/绒衫	451	88	88	410	67	352	4	21	110.00%	195	133
男装 >> 西裤	369	69	69	308	22	276	4	30	0.00%	190	154
男装 >> 休闲裤	799	79	79	2254	146	0	0	5	-78.26%	190	93
男装 >> 毛呢外套	555	339	339	1538	14	4068	12	85	123.68%	189	184
男装 >> 毛衣	514	79	79	1056	115	0	0	20	-9.09%	189	106
男装 >> 毛衣	445	99	99	812	15	0	0	49	11.36%	188	157
男装 >> T恤	388	59	59	452	79	413	7	41	28.13%	188	106
男装 >> 西裤	701	69	69	1576	120	0	0	11	22.22%	188	75
男装 >> 羽绒服	550	188	188	572	16	940	5	42	-28.81%	185	142
男装 >> 休闲裤	409	79	79	332	26	632	8	35	-7.89%	182	138
男装 >> 休闲裤	548	88	88	660	54	0	0	35	-38.46%	180	101
男装 >> 西裤	307	75	75	434	37	0	0	23	-50.00%	177	138
男装 >> 羊毛衫	574	88	88	724	95	440	5	18	-5.26%	175	99
男装 >> 牛仔裤	245	79	79	214	29	474	6	30	20.00%	170	111
男装 >> 休闲裤	432	79	79	586	15	1185	15	82	127.78%	167	127
男装 >> 毛衣	470	79	79	1078	81	0	0	20	-8.70%	163	88
男装 >> 牛仔裤	338	69	69	262	22	345	5	21	-27.59%	162	132
男装 >> 卫衣/绒衫	318	79	79	514	24	0	0	20	-62.26%	161	129

图4-26 | 整理数据

（5）选择"类目"项目下任意包含数据的单元格，按升序方式排列数据，然后汇总不同类目商品的日销量、7天销量、30天销量和30天付款人数，如图4-27所示。

（6）将分类汇总的类目、30天销量和30天付款人数的所有数据整理到新的工作表中，如图4-28所示。

图4-27 | 分类汇总数据

图4-28 | 整理到新的工作表中

（7）将整理出来的数据作为数据源，创建柱形图，对图表标题、数据系列、数据标签等对象进行适当设置，如图4-29所示。由图4-29可知，该店铺在30天内无论是销量还是付款人数，休闲裤类目的表现都远优于其他类目。因此，我们可以重点分析竞争对手对该类目的运营方法，如商品标题的设计、商品主图和详情页的设置等，找到其中的优点，并应用到自己的运营中。

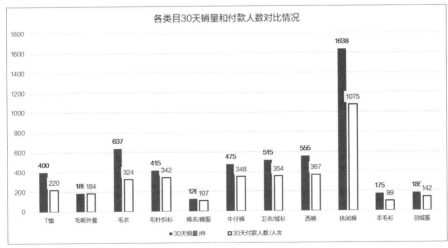

图4-29 | 创建柱形图

（8）切换到另一张工作表，删除分类汇总的结果（在"分类汇总"对话框中单击 全部删除(R) 按钮），然后利用求和函数、求平均值函数、求最大值函数和求最小值函数统计相关项目的数据，如图4-30所示（配套资源：效果\项目四\项目实训\店侦探.xlsx）。

	类目	浏览量/次	标价/元	折扣价/元	收藏量/次	评价数/次	估算日销售额/元	日销量/件	7天销量/件	7天销量升降	30天销量/件	30天付款人数/人次
18	男装>> 西裤	369	69	69	308	22	276	4	30	0.00%	190	154
19	男装>> 西裤	701	69	69	1576	120	0	0	11	22.22%	188	75
20	男装>> 西裤	307	75	75	434	37	0	0	23	-50.00%	177	138
21	男装>> 休闲裤	1402	99	99	4030	195	495	5	23	-11.54%	238	122
22	男装>> 休闲裤	419	79	79	286	53	395	5	28	-9.68%	204	164
23	男装>> 休闲裤	799	79	79	2254	146	0	0	5	-78.26%	190	93
24	男装>> 休闲裤	445	99	99	812	15	0	0	49	11.36%	188	157
25	男装>> 休闲裤	409	79	79	332	26	632	8	35	-7.89%	182	138
26	男装>> 休闲裤	548	88	88	660	54	0	0	8	-38.46%	180	101
27	男装>> 休闲裤	432	79	79	586	15	1185	15	82	127.78%	167	127
28	男装>> 休闲裤	853	69	69	1670	224	207	3	13	0.00%	145	74
29	男装>> 休闲裤	343	98	98	440	10	392	4	26	-50.00%	144	99
30	男装>> 羊毛衫	574	88	88	724	95	440	5	18	-5.26%	175	99
31	男装>> 羽绒服	550	188	188	572	16	940	5	42	-28.81%	185	142
32	合计	15621			27108	2318	14496	131	891		5312	3562
33	平均数额	520.70	93.97	93.97	903.60	77.27	483.20	4.37	29.70	0.06%	177.07	118.73
34	最大值	1402	339	339	4030	351	4068	20	97	127.78%	238	185
35	最小值	245	49	49	142	10	0	0	5	-78.26%	128	60
36												

图4-30｜统计数据

 ## 思考与练习

（1）良性竞争可以使市场进行优胜劣汰，资源得到更合理的配置，让用户获得更好、更优质的商品和服务。但如果企业不顾市场基本准则，为实现自己的目的而不择手段，就会导致恶性竞争的产生，其结果不论对企业还是对用户来说都是不利的。请思考在电子商务运营过程中应该如何进行良性竞争。

（2）请尝试利用生意参谋和店侦探分析同一个竞争对手商品的交易数据，看看二者有哪些相同和不同的数据分析结果。

决定客单价的关键
——分析商品定价数据

◆ 了解商品定价策略。

◆ 掌握商品定价方法。

◆ 正确认识商品定价对电子商务运营的影响。

◆ 能够熟练掌握商品定价的基本方法和常见技巧。

引导案例

　　淘宝网上有两个商家在同一时间上架同一款式的女式秋冬鞋，甲商家为了提高销量，将市场平均价为160元的商品定价为140元售卖，乙商家则按160元的定价售卖。一段时间后，甲商家的销售情况越来越差，转化率越来越低，逐渐失去了与同类商品竞争的能力。而乙商家的商品则卖得越来越好，俨然具备了成为人气商品的潜力。

　　为什么会出现这种情况？除去运营手段、网店风格等其他因素，就商品定价而言，难道不是价格越低的商品越应该受到客户的青睐吗？

　　实际上，商品定价是很有学问的，需要讲究一定的策略。从上述案例来看，在制定价格之前，商家除了要对商品本身和市场有足够的了解外，还要了解客户的消费心理。假设甲乙两个商家销售的女式秋冬鞋主要有"53（不含）~147元"（暂称为A层级）和"147（不含）~405元"（暂称为B层级）两个主要的价格区间，且A层级客户的消费能力要低于B层级客户的消费能力。很明显，A层级客户看重的是商品价格，而甲商家的定价属于该层级的高价位，吸引到的客户自然少之又少。相反，B层级客户虽然也看重价格，但更看重质量、档次、品牌等商品其他属性，而乙商家的定价则属于该层级的低价位，给客户的印象是物有所值。因此，定价上的20元之差，却在一定程度上让两个商家的生意出现了较大差异。由此可见，商品定价也直接影响网店的销售情况。

任 务 一 探讨商品定价策略与方法

👤 任务概述

　　商品定价一直都是商家拿捏不定的问题，特别对于中小网店的新手商家而言，给商品定价就是一个挑战——定价过高无法吸引客户，定价过低无法赢利，中等价位范围又太广，无法找到真正适合的价格区间。本任务将带大家学习商品定价的基本策略与方法，然后通过几个常见的案例进一步掌握商品定价方法的具体应用。

👤 相关知识

1. 定价策略

　　商品定价有策略可循，这里主要介绍3种商品定价策略，分别是基于成本的定价、基于竞争对手的定价和基于商品价值的定价。

　　（1）基于成本的定价

　　基于成本的定价是最简单的定价策略，商家只需知道商品的成本，然后留足利润空间即可。其计算公式：价格=成本+期望的利润额。

　　基于成本的定价的重点就在于成本的核算。部分新手商家在核算成本时仅仅计算了采购成本，然后在此基础上定价，结果就可能导致亏损。实际上，核算成本时，除了采购成本外，商家还应考虑人工成本、固定成本、营销成本等，如图5-1所示。

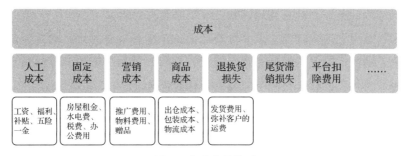

图5-1 | 成本的构成

（2）基于竞争对手的定价

采用基于竞争对手的定价策略，商家需要监控直接竞争对手对特定商品的定价，并设置与其相对应的价格。只有当自己与竞争对手销售完全相同的商品时，商家采用此定价策略才有效果。

但是，这种定价策略可能会造成恶意竞争。例如，在淘宝网上销售某件商品时，某商家发现竞争对手将商品定价为199元，为了赢得价格优势，该商家将同款商品定价为189元；随后，竞争对手又将价格降到179元。这种恶性竞争会导致双方不断采取降价措施，极力压缩利润空间，破坏市场良性竞争的环境。

（3）基于商品价值的定价

商家根据客户对商品或服务的感知价值来进行定价，这就是基于商品价值的定价策略。例如，在大街上售卖的雨伞，天气晴朗时，客户对雨伞的感知价值相对较低，因为客户对其需求较小；但在下雨天时，客户对雨伞的感知价值则可能会上升，甚至有客户愿意支付高于平均市场价的金额，因为他们此时对雨伞有很大的需求。也就是说，商品价格是以客户的感知价值为基础的。

基于商品价值的定价是最复杂的一种定价策略，采用这种策略需要进行市场研究和客户分析，了解最佳客户群体的关键特征，考虑客户购买的原因，了解哪些商品功能对客户来说最重要，并且知道价格因素在购买决策过程中占了多大的比重。

基于商品价值的定价策略会使商品定价这一过程变得更加漫长，商家随着对市场和商品的了解加深，需要不断对价格进行重复、细微的调整。但其优势也十分明显，不管是从平均商品利润还是整体利润来看，基于商品价值的定价策略一般都可以带来更多的利润。

2. 定价方法

商品价格不仅决定了客户的支付成本，还决定了商品处在哪个竞争领域，决定了不同的商品资源配置，意味着不同的收入和利润。因此商家需要掌握一些常见的商品定价方法。

- **锚定效应** | 锚定效应指当人们需要对某个事件做定量估测时，会将某些特定数值作为起始值，这个起始值像锚一样制约着估测值。将此效应应用到商品定价中，则可以让客户在心理上产生锚定效应，认可商品的价格。
- **损失厌恶** | 损失厌恶指人们面对同样数量的收益和损失时，往往会认为损失更加令

人难以忍受。损失厌恶反映了人们的风险偏好并不是一致的，当涉及收益时，人们表现为风险厌恶；当涉及损失时，人们则表现为风险寻求。将其应用到商品定价中，则可以放大客户对收益的感知，缩小对损失的感知。

- **"诱饵"效应**｜很多时候，客户对商品的价值感知来自对比，相对的便宜比绝对的便宜更容易激发客户购买的意愿。因此，利用"诱饵"效应就可以设置参照价格，以此为"诱饵"，让客户感受到其他价格的优势。

- **折中效应**｜折中效应是指人们在偏好不明确的情况下，往往更喜欢选择处于中间位置的选项，因为中间的选项看起来更安全，不至于导致严重的决策错误。在折中效应的影响下，最低的商品价格未必是最受欢迎的，因此商家在给商品定价时不要一味追求低价，最好将价格定在同类商品价格区间的中部。

经验之谈

折中效应还可以用来提高客单价。例如，某饮料有354mL、473mL和591mL这3种杯型，销量最高的是473mL。为了提高客单价，该饮料又加入了一个超大杯型——916mL。于是，591mL就变成了畅销杯型，客户购买商品的支出便增加了，客单价也就提高了。

- **预期效应**｜人们对事物已有的印象会在一定程度上影响其观察问题的准确性，而对一件事物的预期也会影响人们对它的态度和体验。简单来说，如果事先相信某种商品好，那么它一般就会好。另外，预期效应不仅会影响人们对商品质量的主观判断，还会影响人们的客观知觉。某机构曾经做过一个实验，将同样的咖啡放在高档的器皿和一般的器皿中，人们普遍觉得高档器皿中的咖啡味道更好。因此，商家可以通过包装、宣传等手段提高商品在人们心中的预期，以确保商品的价格不会被误认为虚高。

- **心理账户**｜心理账户指的是人们面对损失和收益时的态度。例如，有人某天摔坏了手机，修理费用为300元；又或者，他某天摔坏了手机，修理费用为400元，但他买彩票中了100元。相同的损失金额、不同的场景，但由于人们不自觉地为损失和收益设置了不同的心理账户，就会用不同的方法来看待它们。修手机属于"意外损失账户"，这时300元和400元差异并不大，100元差值带来的失望感也相差不大。而中奖则属于"意外收获账户"，0元和100元的差值同样是100元，但这个100元差值比前者带来的心理感受更强烈。

任务实施

1. 锚定效应定价方法的应用

掌握一些常见的商品定价方法后，如何在实际中应用才是最关键的，下面主要讲解锚定效应、损失厌恶、"诱饵"效应及心理账户定价方法的应用。

锚定效应在商品定价中的应用非常普遍。下面列举几种基于锚定效应的定价方法和技巧。

（1）用环境影响客户的价格印象

一瓶啤酒在小卖部卖5元，在大排档可以卖8元，在酒店可以卖12元，在酒吧可以卖20元。啤酒还是这瓶啤酒，只是环境发生了变化。对于电子商务环境中的商品来说，商品标题、主图、模特、拍摄风格、页面设计、文案等因素，都能影响客户对商品价格的判断。例如，同样一件衣服，用手机拍摄简单的图片，简单描述详情内容，商品价格可以定为100元；如果聘请模特拍摄，将页面设计得更加时尚，价格可能提高到200元；如果聘请知名模特和专业摄影师来拍摄，将页面设计得更加高端精细，价格可能会提高到300元。同样一件衣服卖出不同的价格，原因就在于客户对它的价值感知发生了变化。

（2）数量暗示

提高网店利润的方法很多，其中增加销量和提高客单价是最直接的两种，而提高客单价对商家来说更容易操作和把控。提高客单价最有效的手段就是引导客户一次购买多件商品。例如，大街上售卖羊肉串的商家，他们一般不会标价一串2.5元，而是直接标价两串5元，让客户不知不觉中"锚定"羊肉串两串起卖，从而选择购买两串甚至更多串，而不会考虑只买一串。因此，商品定价时同样可以采用"两件300元"等类似的定价方式，通过数量暗示来让客户对购买数量的起始值进行"锚定"。商家还可以通过设置"购物数量上限"来锚定客户限购数量，如每人限购4件等，从最大值的角度出发进行"锚定"。

（3）价格对比

不管是商品吊牌上的价格，还是网店商品详情页的"划线价"（见图5-2），对于客户来说都是一个价值参照"锚"。"划线价"可以给客户营造一种"更贵"的感觉，客户通过对比将"划线价"作为锚定基础，从而发现当前价格更低。

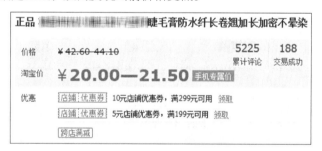

图5-2 | "划线价"示例

2. 损失厌恶定价方法的应用

损失厌恶定价方法在实际应用中具体包括非整数定价、尾数定价、价格分割、固定期限优惠定价等方式。

（1）非整数定价

非整数定价会给客户一个"定价准确"的印象，从而令客户相信价格的合理性。例如，商品如果标价为10元，客户可能会认为怎么恰好是整数，是不是商家故意收零为整，提高了商品价格？但若将商品定价为9.8元，客户则倾向于认为商家定价时十分慎重，并没有随意决定商品价格。

也就是说，给商品定价时，即便是相近的价格，非整数往往也比整数更容易获得客户的认可。图5-3所示的商品都采用非整数定价。

图5-3｜非整数定价

经验之谈

非整数定价的对象一般是价格不高的商品，对于价格超过百元或更高的商品则可能并不适用。例如，将一件衣服标价为259.55元，就显得画蛇添足了。

（2）尾数定价

199元和201元虽然只相差2元，但在客户心里，前者只需要100多元，后者却高于200元。鉴于这种心理特征，商家在设置商品价格时经常会用"9"或"8"等数字来结尾，这对商家来说影响不大，但客户会感觉价格低了许多。图5-4所示为使用尾数定价的商品。

图5-4｜尾数定价

（3）价格分割

价格分割可以让客户在购买商品时感觉十分实惠。例如，经营独立包装的曲奇饼干的商家，直接按"块"来定价，即每块饼干的价格从2元到5元不等，这种定价方法给客户的直观感受是商品不贵，甚至是便宜。事实上，客户不可能只买一块曲奇饼干，一般都是批量购买，这就让商品的销量得以增长。

经验之谈

价格分割的延伸就是时间分割。例如，"只需5角钱，每天报纸送到家"，听起来比"订阅价180元/年"要划算；"每天1元钱，10万精品模板随便用"，就比"金牌会员360元/年"更容易实现转化。另外，商品还可以开通分期免息付款方式，使客户可以不用一次性付款，这些方法往往都可以提高商品转化率。

（4）固定期限优惠定价

固定期限优惠定价是一种十分常见的定价方法，如"双十一""双十二""年货节"等均采用固定期限优惠定价，客户为了享受规定时间内的优惠，就会在优惠有效期内加大购物力度。固定期限优惠定价是一种促使客户尽快下单、提高客单价和转化率的有效方法，一般在活动中使用较多。

 视野拓展

> 对于网店商家来说，在运营过程中，商品定价方法只是辅助，货真价实、诚信经营才是根本。无论做人还是做事，投机取巧、偷奸耍滑等行为都是不可取的。

3. "诱饵"效应定价方法的应用

"诱饵"效应在定价上的应用主要有套餐绑定和价格筛选两种。

（1）套餐绑定

利用套餐绑定的方法可以实现利润最大化。例如某快餐店，甲客户愿意为饺子支付10元，为馄饨支付5元；乙客户更偏爱馄饨，愿意为馄饨支付10元，只愿意为饺子支付5元。要想同时留住两类客户且实现利润最大化，商家就可以这样定价：饺子10元、馄饨10元，"饺子+馄饨"套餐15元。这种套餐绑定的方式能让客户一次性购买更多商品。

（2）价格筛选

用价格筛选客户指通过故意调高其他商品的价格来吸引客户购买主营商品。例如，两家数码相机专营店同时经营多个数码相机品牌，A店主营甲品牌，B店主营乙品牌。在定价时，A店的甲品牌商品可以定价为4 999元，乙品牌商品定价为5 099元，从而获取想买甲品牌商品的客户；相反，B店可以将乙品牌商品定价为4 999元，将甲品牌商品定价为5 099元，获取喜欢乙品牌商品的客户。

4. 心理账户定价方法的应用

心理账户定价方法在实际应用中可以采用满减、"坏合好分"、情感化设计等方式。

（1）满减

满减是指让客户在支出的同时还能有一定的收入，哪怕收入不多，也会大大提高客户在交易时的主动性。例如，一件标价1 000元的商品打8折，和满1 000元减200元相比要付出的成本是一样的，但是在客户心理上则可能有很大的差别。1 000元的商品打8折，在具体数字上对客户的刺激并不明显。但如果是满1 000元减200元，则会令客户感觉付出1 000元后，又可以额外收获200元，这就是充分利用了心理账户的定价方法。

（2）"坏合好分"

所谓"坏合好分"，实际上是针对客户而言的，即"坏信息"一起告知，减少"痛苦"的次数，"好信息"则分开告知，增加快乐的次数。这是建立在客户对损失和收益的感知上的一种定价手段。例如，商家会将"买3 799元笔记本电脑，送耳机、送高档鼠标垫、送免费1年上门维修"等多个优惠信息分开告知，而不会描述为"笔记本电脑3 000元、耳机200元、鼠标99元、1年上门维修服务费500元"。两者相比，实际价格并没有发生变化，但客户通常会感觉赠送的东西越多越划算。

（3）情感化设计

情感化设计利用的是每个商品在客户心里所对应的心理账户的不同。例如，一件标价为2 000元的衣服，客户买给自己或许会犹豫，但如果是送给亲人或恋人，则可能会立刻下单交易。产生这种行为的原因是客户把这两类支出归到了不同的心理账户，自己消费属于"日常消费支出"，买给亲人或恋人则属于"情感维系支出"，显然在特定条件下，多数客户更愿意为后者买单。同样的商品定位为"礼品"，就往往比定位为"消费品"能获得更高的溢价，尤其是定位为"高端商务礼品"时，这种效果就更加明显。商家在给商品定价时应先对商品有清晰的定位，并配以合适的文案，清楚地描述客户能得到的预期收益，这样能获取更高的商品溢价。

任务二 使用黄金价格点确定商品价格

任务概述

商家会根据自身的运营情况，选择不同的商品定价策略和方法。本任务将介绍一种快速确定商品价格的方法，即"黄金价格点"法，并以男装羽绒服为例，让大家掌握为商品定价的实际操作和具体思路。

相关知识

1. 黄金价格点

黄金价格点指的是将商品价格划分为若干区域，然后利用一种定价公式计算出最合适的价格。其计算公式：商品价格=区间最低价+（区间最高价–区间最低价）× 0.618。由于"0.618"在绘画、雕塑等多个领域中被称为"黄金分割数"，所以该定价公式就被称为黄金价格点公式。

2. 折扣率

大多数电子商务商品会以促销价的方式进行销售，因此商家利用黄金价格点公式确定商品价格后，还需要采集同类商品的发布价和促销价。通过Excel汇总所采集商品的发布价和促销价，用促销价除以发布价后，就能得到折扣率，最后根据这个折扣率来确定自己商品的促销价。

任务实施

1. 确定价格

下面以男装羽绒服为例，介绍使用黄金价格点公式确定商品价格的方法，其具体操作如下。

微课视频

确定价格

（1）确定价格区间。进入淘宝网，搜索"羽绒服男"，单击价格柱中最高的形状，确定105～461元这个区间是男装羽绒服最受欢迎的价格区间，如图5-5所示。

图5-5｜确定价格区间

（2）计算价格。利用黄金价格点公式计算价格，即男装羽绒服价格=区间最低价+（区间最高价-区间最低价）×0.618=105+（461-105）×0.618≈325（元）。

（3）优化价格。按照尾数定价法将结果优化为328元，这就是该价格区间中理论上最好的价格。

2. 确定促销价

微课视频

确定促销价

下面采集排名前50的男装羽绒服的发布价和促销价，将其整理到Excel中并计算折扣率，并最终确定男装羽绒服的促销价，其具体操作如下。

（1）采集数据。在淘宝网中挑选与自己商品类似（如材质、功能等类似）的排名前50的男装羽绒服的发布价和促销价，如图5-6所示。

图5-6｜采集价格数据

（2）计算折扣率。将采集的数据整理到Excel中（配套资源：素材\项目五\任务二\商品定价.xlsx），用促销价之和除以发布价之和。计算折扣率为"0.410"，如图5-7所示（配套资源：效果\项目五\任务二\商品定价.xlsx）。

（3）计算促销价。利用前面确定的价格乘以折扣率，即"328×0.410"，并通过尾数定价法优化后，可得到商品的促销价为138元。如果此价格相对商品真实的成本与利润而言可以令人接受，则商家可以将其确定为商品的最终促销价。

图5-7｜计算折扣率

项目实训

商家需要综合考虑各方面的因素，运用合适的定价策略和方法，完成商品价格的确定。整个过程既有规律可循，又应该灵活变通。本实训将带大家巩固商品定价的一些基本方法，实际操作时可以根据自身情况加以参考。

1. 研究竞争对手的商品定价情况

竞争对手的商品定价是极具参考性的，我们可以通过学习发现商品定价的常用技巧。下面以搜索竞争对手某款男装休闲裤的价格为例，研究其定价的优势。

【实训目标】

（1）查看竞争对手的商品定价。

（2）分析并找到使用该价格的原因。

【实训要求】

（1）在淘宝网中寻找与自己商品相同或相似的竞争商品。

（2）在商品详情页中查看该商品的各种价格和优惠政策。

（3）说明该商品如此定价的优势。

【实训步骤】

（1）登录淘宝网，搜索"休闲裤男"，在结果中找到与自己商品相同或相似的商品。

（2）进入该商品详情页，选择尺码或颜色后，确定最终的商品，查看其价格，如图5-8所示。

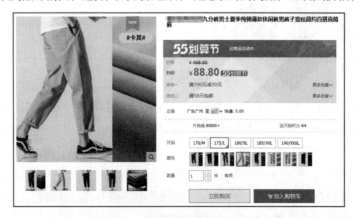

图5-8｜商品详情页的价格

（3）通过分析发现该商品使用了锚定效应定价方法，通过划线价和促销价的对比让客户觉得价格更加优惠；同时利用了心理账户定价方法中的满减方式（满100元减30元）让客户进一步觉得购买此商品非常划算。这两种定价方法非常有利于提高交易转化率。

2. 确定某款男装休闲裤的促销价

以上文中的男装休闲裤为例，利用黄金价格点公式为自己的某款男装休闲裤确定促销价。

【实训目标】

（1）掌握黄金价格点公式。

（2）掌握折扣率的计算方法。

【实训要求】

本实训要求以某款男装休闲裤为例，通过找到合适的价格区间和黄金价格点公式来确定商品价格，并进一步提取数据来找到适合该商品的促销价。

【实训步骤】

（1）在淘宝网中搜索男装休闲裤并找到最受欢迎的价格区间59～169元。

（2）通过黄金价格点公式计算男装休闲裤在该区间的合理价格为126.98元。

（3）采集与商品相同或相似的排名前50的商品的发布价和促销价（配套资源：素材\项目五\项目实训\商品定价.xlsx），在Excel中计算折扣率，如图5-9所示（配套资源：效果\项目五\项目实训\商品定价.xlsx）。

序号	发布价/元	促销价/元	折扣率
1	88	59	0.491
2	88	66	
3	196	98	
4	268	148	
5	118	59	

图5-9 | 计算折扣率

（4）利用计算出来的价格和折扣率，并通过尾数定价法调整得到最终的促销价为62.8元。

思考与练习

（1）某家装企业通过电子商务平台接收订单，该企业在确定自己商品的价格之前，首先通过财务核算出运营过程中的所有成本，然后调查了解了家装行业的基本利润率，接着分析了几家竞争对手企业的商品价格，最终确定了自己商品的价格。请问这种定价策略和方法可行吗？为什么？

（2）请在淘宝网中采集款式、材质相似的排名前50的旅行袋的发布价和促销价，找出最受欢迎的价格区间，利用黄金价格点公式计算该区间的合理价格，然后计算折扣率，并最终确定旅行袋的促销价。

精准引流
——分析流量数据

学习目标

◆ 了解并熟悉网站流量的基本分析方法。

◆ 掌握网店流量结构和关键词的分析方法。

素养目标

◆ 能够熟练掌握与流量相关的各种重要指标的作用和使用方法。

◆ 能够按实际需要分析流量的构成情况。

◆ 能够通过分析关键词设计出合理的商品标题。

引导案例

小张和小王同时在某电子商务平台上开店经营相同品牌的男装商品，两家店无论在网店设计、商品定价，还是进货渠道、商品标题设计等各个方面，都是非常相似的。但是让小张纳闷的是，自己网店的生意一直不如小王，而且这种差距还在逐渐拉大。

实际上，小张不知道的是，小王在刚开始经营网店的时候，也常为经营发愁，甚至为了吸引更多客户，她还以低于成本价的价格销售一些库存量较大的商品，但即便如此，网店生意也没有什么好转。

后来，小王在某短视频平台上开设了一个账号，发布的内容主要是让自己的弟弟试穿网店售卖的各种服饰。由于在服饰搭配和短视频拍摄上具有非常鲜明的特点，小王账号的粉丝数量不断增加，这让她看到了商机。于是小王将自己网店的链接放在该短视频平台上，粉丝们看到了自己心动的商品后，就可以直接点击相应的购买链接，进入小王的网店中购买。

于是，小王利用外部渠道为自己的网店引流，使自己的生意越来越好。现在，小王还积极拓展引流渠道，无论是平台内还是平台外的渠道，小王都想利用起来，因为她知道，流量是决定网店运营状况的重要因素之一，能够获取更多的流量，就比竞争对手更具优势。

任务一 分析网站流量

任务概述

我们可以借助浏览量、访客数、跳出率、平均访问时长等指标来分析网站流量，以得到网站的整体流量情况，从而为完善页面设计、优化引流策略等提供有力的数据支持。本任务将带大家学习如何对网站流量情况进行分析。

相关知识

1. 网站基础指标

浏览量和访客数属于网站基础指标，它们经常在电子商务数据分析时被提及，下面介绍它们的含义。

- **浏览量** | 浏览量也称PV（Page View），指的是页面访问量。该指标反映的是浏览某网站的页面数，所以每刷新一次页面都会增加一次浏览量。换句话说，浏览量不是页面的来访者数量，而是网站被访问的页面数量。

- **访客数** | 访客数也称UV（Unique Visitor），指的是独立访客访问数。该指标可以理解成访问某网站的计算机数量，即实际使用者的数量。例如，客户甲通过计算机

访问了指定的网站，之后客户甲再次通过计算机访问了该网站，客户乙也通过该计算机访问了相同的网站，对于该网站来说，浏览量为"3"，访客数为"2"。

2. 流量质量指标

跳出率、平均访问时长、平均访问页数是用于衡量网站流量质量好坏的指标，它们的含义分别如下。

- **跳出率**｜跳出率指只访问了入口页面就离开网站的访问次数与总访问次数的百分比，其计算公式：跳出率=只访问了入口页面就离开网站的访问次数/总访问次数。该指标的数值越低说明流量质量越好，访客对网站的内容越感兴趣。

- **平均访问时长**｜平均访问时长即访客访问网站的平均停留时间，其计算公式：平均访问时长=总访问时长/访问次数。该指标能够反映访客对网站的喜爱或接受程度。

- **平均访问页数**｜平均访问页数指访客访问网站的平均浏览页数，其计算公式：平均访问页数=浏览量/访问次数。该指标也是衡量访客在网站上的浏览体验的一个重要指标。

3. 流量来源

一般来说，网站的流量来源主要有三大部分，分别是自主访问、搜索访问以及外链访问。

- **自主访问**｜自主访问指访客通过直接输入网站地址的方式访问网站。

- **搜索访问**｜搜索访问指访客通过搜索引擎搜索相关内容后，单击搜索结果超链接的方式访问网站。

- **外链访问**｜外链访问指访客通过在其他网站或平台上单击外部超链接的方式访问网站。

任务实施

1. 使用百度统计分析流量趋势

百度统计是一款非常有效的网站流量分析工具，下面介绍使用该工具分析网站流量趋势的方法，其具体操作如下。

（1）访问百度统计。通过百度搜索引擎搜索"百度统计"，单击搜索结果中官方网站对应的超链接，在打开的页面中单击"网站统计"栏下的"立即体验"超链接，如图6-1所示。

微课视频

使用百度统计
分析流量趋势

经验之谈

在百度统计上方的导航栏中单击"管理"选项卡后，可以单击右侧的 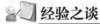 按钮，添加自己拥有的网站并对其进行流量分析。

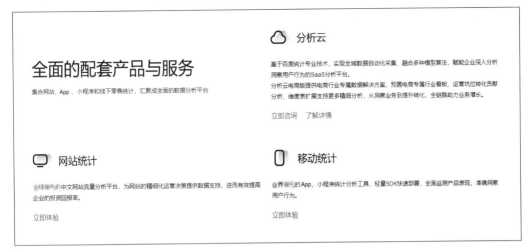

图6-1 | 体验网站统计功能

（2）查看实时数据。注册并登录百度统计，此时将显示网站流量数据，这里以百度统计的演示数据为例进行说明，如图6-2所示。

图6-2 | 显示网站今日流量数据

（3）分析访客数。在当前页面中将时间设置为"最近7天"，将指标设置为"访客数"，此时将显示最近7天访客数的变化趋势，如图6-3所示。由图6-3可知，最近7天访客数整体呈下滑趋势，因此网站需要及时进行调整，以吸引更多访客，如更新内容、在页面中提供有价值的信息等。

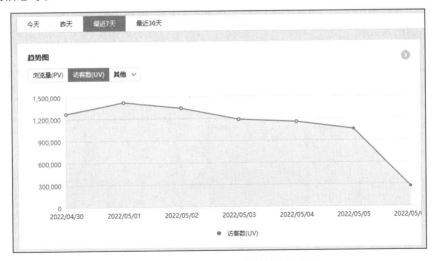

图6-3 | 分析最近7天访客数的变化趋势

（4）分析浏览量和访客数。选择左侧列表中"流量分析"栏下的"趋势分析"选项，在显示的页面中设置时间为"最近7天"，设备为"移动设备"，指标为"浏览量"和"访客数"，此时将显示对应指标的变化趋势，如图6-4所示。总的来说，网站每日的流量高峰期为22点至次日0点，低谷期则是凌晨2点至4点。因此，假如网站是某电商平台上的一个网店，则网店在进行商品上新、付费推广等运营工作时，就应该将这些工作放在流量高峰期，充分利用这个阶段的高流量，实现精准引流，达到运营效果的最大化。另外，我们还可以通过分析转化率等其他指标，找到高转化率时期，使引流时间更加细化，以提升网店的转化效果。

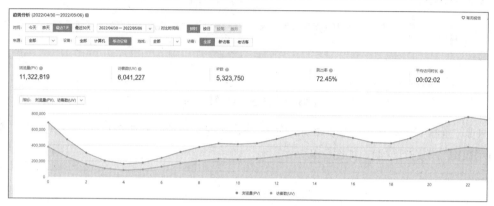

图6-4 | 分析最近7天移动端浏览量和访客数的变化趋势

2. 使用百度统计分析访客

通过对访客在网站上的浏览行为和自身属性等进行分析，就能知道网站流量情况和访客对网站的好感度。下面使用百度统计对访客进行分析，其具体操作如下。

微课视频

使用百度统计
分析访客

（1）分析访问设备。在百度统计左侧列表中选择"访客分析"栏下的"系统环境"选项，将时间设置为"最近7天"，单击"网络设备类型"选项卡，此时显示的是最近7天使用不同访问设备的访客数，如图6-5所示。由图6-5可知，移动设备的访客数几乎是计算机的访客数的2倍，说明移动端的需求量更大；而无论是移动端还是计算机端，都能够吸引到较多的访客。

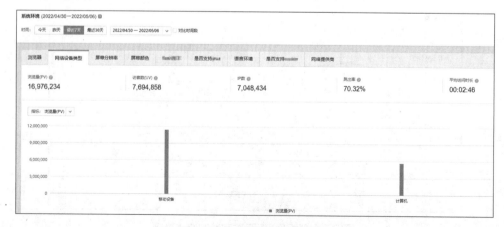

图6-5 | 分析访客的访问设备

（2）分析新老访客。选择左侧列表中的"新老访客"选项，此时显示的是最近7天新访客和老访客的占比、浏览量、访客数、跳出率、平均访问时长、平均访问页数等指标，如图6-6所示。由图6-6可知，新访客占比远大于老访客，同时跳出率也比老访客更高，平均访问时长和平均访问页数都低于老访客，说明网站还需要加大力度，降低新访客的跳出率，提高新访客的平均访问时长和平均访问页数等指标。通常情况下，网站跳出率过高，可能存在网站内容与访客需求不符、访问速度过慢、内容引导较差等原因。因此，降低跳出率可以重点从这些方面着手对网站进行优化。

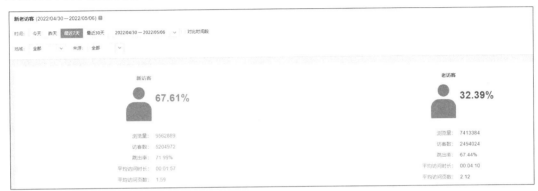

图6-6 | 分析新老访客情况

（3）分析访客属性。选择左侧列表中的"访客属性"选项，此时将显示最近30天访客的性别、年龄、学历、职业等构成情况，如图6-7所示。

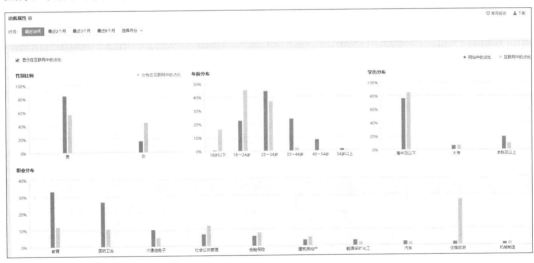

图6-7 | 分析访客属性

📖 经验之谈

若需要了解访客的兴趣指数分布情况，需要将时间跨度设置得大一些，如最近6个月。当数据样本足够多以后，页面中就会显示兴趣指数的分析结果。

（4）分析访问页数。选择左侧列表中的"忠诚度"选项，单击"访问页数"选项卡，此时将显示访客访问页数的结果，如图6-8所示。由图6-8可知，绝大多数访客的访问页数为1页，这就直接导致了跳出率较高。要解决这个问题，可以考虑合理排版和布局整个网站的页面，一方面要让访客进入入口页面后很快就能够被吸引住，另一方面要让访客能够在入口页面顺利执行跳转页面的操作。

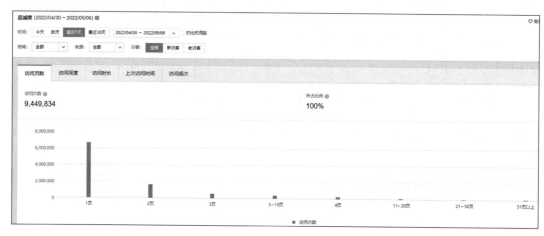

图6-8 | 分析访客访问页数

（5）分析访问时长。单击"访问时长"选项卡，此时将显示访客访问时长的结果，如图6-9所示。由图6-9可知，大部分访客的访问时长为"1~3分钟"，说明网站内容还是有一定吸引力的。结合图6-8可知，只要能够解决入口页面的问题，不仅网站的跳出率会降低，而且访问页数和访问时长也会增加。

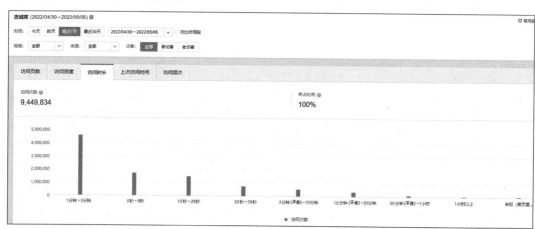

图6-9 | 分析访客访问时长

3. 使用百度统计分析流量来源

通过分析网站的流量来源，可以了解哪些渠道的引流效果较好，哪些渠道的引流效果较差，从而便于调整引流策略。下面在百度统计中分析网站的流量来源情况，其具体操作如下。

（1）分析来源类型。在百度统计左侧列表中选择"来源分析"栏下的"全部来源"选项，将时间设置为"最近7天"，此时将显示最近7天网站的

微课视频

使用百度统计
分析流量来源

所有流量来源类型及其变化趋势，如图6-10所示。由图6-10可知，网站直接访问和搜索引擎带来的流量更多，说明网站的地址或名称是被访客熟知的。

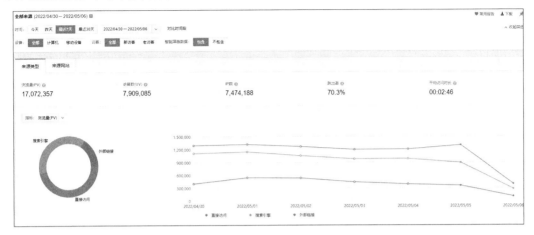

图6-10｜分析流量来源类型情况

（2）分析来源网站。单击"来源网站"选项卡，将显示通过其他网站访问此网站的来源类型、占比和变化趋势，如图6-11所示。由图6-11可知，除直接访问外，通过百度搜索引擎访问网站的流量最多，通过其他外部链接访问网站的流量来源种类比较丰富。

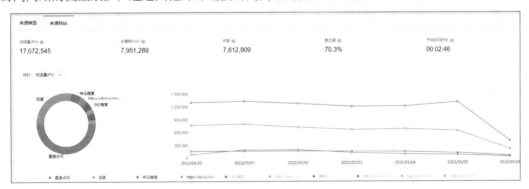

图6-11｜分析流量来源网站情况

（3）分析外部链接类型。在百度统计左侧列表中选择"外部链接"选项，将显示通过外部链接访问网站的来源类型、占比和变化趋势，如图6-12所示。对比新访客的跳出率、平均访问时长来看，外部链接的引流质量还有待提高。

（4）分析外部链接数据。向下滚动鼠标滚轮，可以查看各外部链接的引流指标，包括浏览量、访客数、IP数、跳出率、平均访问时长等，单击相应的指标名称可以以该指标为标准对外部链接进行排序，图6-13所示便是按浏览量降序排列的结果。结合访客数、IP数、跳出率、平均访问时长等指标的数据，就能找到其中引流质量较好和较差的外部链接，从而可以有针对性地对外部链接进行调整和改善。例如图6-13中第3个外部链接的引流指标，无论浏览量、访客数、IP数，还是跳出率和平均访问时长，这些指标的数据都是非常不错的，特别是跳出率这个指标，在图中所有的外部链接中是最低的。因此应该考虑进一步优化该外部链接，并加大力度进行推广，为网站带来更多的优质流量。

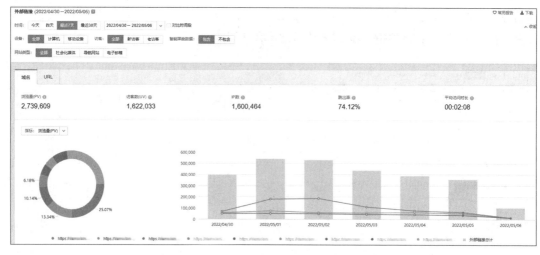

图6-12 | 分析外部链接类型情况

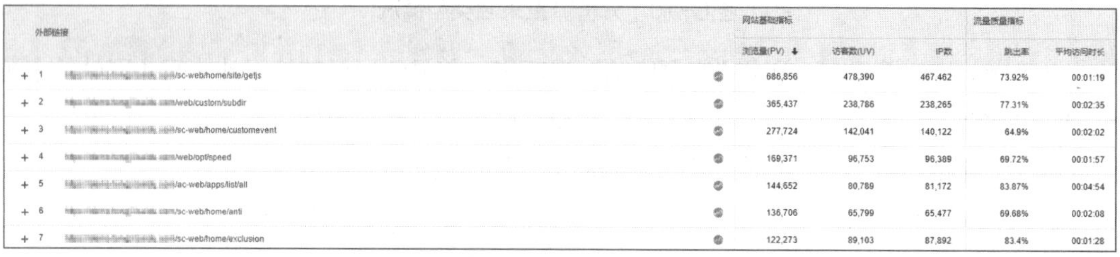

图6-13 | 分析外部链接的引流指标数据情况

任务二 分析网店流量

任务概述

　　流量是网店能否在电子商务竞争中存活下来的关键。商品的质量再好、包装再精致，没有流量，也无人问津。因此，如何引流就成为众多商家冥思苦想的问题。本任务将以淘宝网为例对网店流量进行分析，包括对各种流量的解读以及对关键词的分析等。

相关知识

1. 网店四大流量

　　访客进入网店的途径有很多，归纳起来主要分为4种类型，即通过自然搜索进入、通过付费广告位进入、通过站内其他途径进入和通过站外途径进入。这4种途径对应网店的"四大流量"，即免费流量、付费流量、站内流量和站外流量。

　　（1）免费流量

　　免费流量是指访客直接通过关键词搜索等途径进入网店而带来的流量。这类流量是网店最需要的流量，是网店通过关键词优化、主图优化等方式获取的网络自然流量，其精准度和质量往往都比较高。免费流量主要来自直接访问、商品收藏夹、购物车、"已买到的宝贝"超链接等渠道。

- **直接访问**｜直接访问指访客通过淘宝网搜索功能和分类导航功能直接搜索商品或网店名称进行访问的行为。例如，输入某个商品关键词，在搜索结果中单击商品主图便可进入网店查看商品内容。这类流量对商品的成交转化率有一定的影响，因为这类访客有很强的购物意愿，但是他们在购物过程中容易受到价格、主图效果等因素的影响，从而影响成交转化率。

- **商品收藏夹**｜商品收藏是指访客对某款商品进行收藏的行为。商品收藏量高，说明访客对该商品兴趣度高。商品被收藏后，访客可以直接通过商品收藏夹进入网店。商品的收藏人气反映了商品的收藏人数和关注热度，收藏人气对于商品和网店的综合评分是有影响的，收藏人气越高，越有利于商品的综合排名。

- **购物车**｜访客在淘宝网中将商品添加到购物车后，可以通过购物车快速访问对应的商品和网店。将商品添加到购物车表示访客对该商品很感兴趣，这类访客同样具有很强的购买欲望，且有较高的交易转化潜力，但对价格、款式、颜色、质量等方面尚有疑虑，需要商家积极与其交流沟通，促成转化。

- **"已买到的宝贝"超链接**｜访客可以直接通过"已买到的宝贝"超链接对购买过的商品进行访问。通过这种渠道访问商品页面，说明访客可能对该网店的商品、客服、物流等各方面都感到满意，希望进行二次或多次购物。

（2）付费流量

付费流量是指通过付费投放广告的方法引入的流量，这类流量的精准度比较高。淘宝网开发了许多付费推广工具，其中广为人知的工具有淘宝联盟、直通车、引力魔方，以及各种平台活动。

- **淘宝联盟**｜这是一种按成交计费的推广模式，属于效果类广告推广方式。淘宝联盟按照实际的交易完成量计费，即访客确认收货后才进行计费。淘宝商家可以在淘宝联盟通过支付佣金的方式招募淘宝客为自己的网店和商品进行推广，淘宝客则可以在淘宝联盟找到需要推广的商家，并通过推广来获取佣金。

- **直通车**｜这是一种以"文字+图片"的形式展现在搜索结果页面中，希望实现精准推广的工具。直通车在淘宝网上的展示位置包括搜索结果页面右侧的"掌柜热卖"栏和搜索结果列表中的前3个位置等。直通车展示位置下方通常有灰色"广告"字样，如图6-14所示。直通车在推广某款商品时，可以通过精准的搜索匹配给网店带来优质的访客。同时，访客进入网店时极易产生一次或多次的流量跳转，促成店内其他商品的成交。这种以点带面的精准推广可以最大限度地降低网店的推广成本，提升网店的整体营销效果。

- **引力魔方**｜这是专门为淘宝商家提供图片类广告竞价投放服务的平台，通过图片创意吸引访客点击，以获取巨大的流量。引力魔方的计费单位为每次浏览单价，商家可以根据地域、访客和兴趣点等多个维度设置定向的广告投放。同时，引力魔方还为商家提供数据分析报表和优化指导，可以为商家提供200多个优质展位，包括淘宝网首页、"猜你喜欢"信息流等多个淘宝网站内的广告展位，这些位置都是获取巨大流量的关键位置。

图6-14｜直通车推广位

- **平台活动**｜这是指淘宝网提供的需要报名参与的营销活动，比较有名的活动包括聚划算、淘金币、天天特卖等。商家按照活动规则有计划地将商品推广到该活动中售卖，通过特价吸引流量，进而有效提升商品销量。

（3）站内流量

站内流量是指通过淘宝网以免费和付费的方式，从流量渠道获取的流量，是网店流量的重要构成部分。淘宝网的站内流量渠道非常多，这里主要介绍每日好店、逛逛这两种淘宝网内部的免费流量渠道。

- **每日好店**｜每日好店是可以根据客户的购物习惯，以千人千面的形式显示在手机淘宝客户端首页的一个栏目。该栏目中的专题活动会不定期地向淘宝网上的商家开放，商家届时可以报名参与，从而吸引大量的优质流量。当然，商家需要努力提高网店的综合实力，以符合每日好店的参与要求。具体参与途径是在商家后台的"营销中心"栏中选择"活动报名"选项，然后在页面上方的文本框中输入"每日好店"，最后选择活动报名参与。

- **逛逛**｜逛逛是淘宝网的真实生活方式分享社区，提供多种内容的分享形式，包括短视频、"种草"图片帖、买家秀评价、直播及商品问答等。在这里，商家可以围绕商品来分享有价值且能引发客户情感共鸣的内容，从而吸引他们入店访问和购买商品。

（4）站外流量

站外流量可以为网店带来潜在的消费群体，它大多来自其他热门的平台，如短视频平台、社区、微博等。这类流量在提升网店品牌影响力方面可以发挥巨大的作用。

2. 关键词

关键词即访客在搜索商品时所输入的词语。若商品标题中包含访客搜索的关键词，商品就可能出现在搜索结果中。淘宝网规定每一款商品的标题不能多于30个字，因此在竞争搜索流量时，如何组织和设计标题就成了商家必须慎重考虑的问题。

商品标题中的词语根据作用不同分为核心词、长尾词、修饰词等，如果是品牌商品，则还会涉及品牌词。只有理解了关键词的主要类型，才能完成关键词的有效组合，设计出更好的标题。

- **核心词**｜这是体现商品名称的词语，如商品类目为牛仔裤，则核心词就是"牛仔裤""裤""裤子"等。核心词的搜索量很大，但竞争也十分激烈，竞争力不强的商品和网店如果主要以核心词进行引流，通常难以获得较好的效果。

- **长尾词**｜这是体现商品属性的词语。长尾词的特点是比较长，一般包含核心词，如"加绒牛仔裤男""牛仔裤男直筒""男士牛仔裤新款"等都是男装牛仔裤类目的长尾词。长尾词的搜索量相对较少，但由于精确性较高，所以转化率比核心词高。

- **修饰词**｜这是单独体现所在行业商品属性的词语，如"男""宽松""直筒"等，都是男装牛仔裤或裤子类目商品的修饰词。

- **品牌词**｜这是直接体现所经营商品品牌名称的词语。

 经验之谈

> 为了更好地匹配访客输入的关键词，商家都会尽量将标题设置为最大容量的30个字，综合使用核心词、长尾词和修饰词，如"加绒加厚牛仔裤男2022新款韩版直筒冬季潮流弹力大码黑色小脚裤子"。若访客输入的关键词与标题的部分内容匹配，则该商品就可能显示在搜索结果中。

3. 关键词质量

关键词质量的好坏与以下几个指标密切相关。

- **搜索指数**｜搜索指数代表市场需求，搜索指数越高，说明需求量越大。

- **搜索指数趋势**｜搜索指数趋势代表未来趋势，如果某关键词目前搜索指数很高，但未来趋势直线下滑，那么说明这个词没有长时间持续引流的能力。

- **点击率和转化率**｜即使有搜索需求，如果不能形成有效的点击和转化，最终也无法形成交易。所以对于关键词，商家不能只关注搜索率，更要关注点击率和转化率，这两个指标分别代表了购买欲和成交率。

- **人群精准度**｜淘宝网将个性化搜索加入搜索引擎中，形成了千人千面的效果，即同一关键词，不同人群的搜索结果各不相同。例如搜索运动鞋，低消费水平的人群可能搜索到的是特价运动鞋，而高消费水平的人群可能搜索到的是品牌运动鞋。如果所销售商品是品牌运动鞋，却使用了特价运动鞋的关键词，就难以匹配到精准人群。

- **商品精准度**｜人群精准度主要从访客的角度分析关键词，商品精准度则主要从商品的属性和卖点出发。商家选择的关键词必须与商品高度吻合，否则就会影响点击率、转化率等指标，而这些指标又是影响搜索排名和商品展现的重要指标。

经验之谈

商家在选择关键词时还需要关注自己的竞争力。如果实力不如竞争对手，那么淘宝网展示的就是竞争对手的商品。在竞争力不足的情况下，直接复制竞争对手的关键词是行不通的，而应该避开正面竞争，选择更适合自己商品的关键词。

4. 关键词优化

商家找到了高质量的关键词，还需要进一步优化，才能充分发挥这些关键词的作用。以下几点为关键词的优化建议，可供参考。

- **避免内部竞争**｜很多商家在优化新款商品时，会在不经意间致使老款商品慢慢退出市场，这种情况往往是商品内部竞争导致的，因此商家需要根据同类型商品的不同人气、人群、价格等属性，合理安排关键词，尽量避免内部竞争。

- **根据商品竞争力安排关键词**｜根据商品竞争力的不同，商家应合理安排核心词。竞争力比较弱的商品要以长尾词为主，主要考虑覆盖率，关键词覆盖率越高，曝光力就越强；竞争力比较强的商品要以热词和高转化率词为主，主要考虑引流能力，引流能力越强，销量就越大。

- **匹配个性需求**｜商家应根据商品对应的访客地域、性别、消费主张、爱好偏向、消费能力、浏览行为、购物习惯等来匹配关键词。

- **注意组合顺序**｜有了高质量的关键词后，商家就需要将其组合成标题。关键词的组合顺序也需要注意，不同组合顺序的关键词表现不同，如组合得到的"方格休闲裤短裤"和"休闲裤方格短裤"两组关键词在引流能力、竞争力等方面的表现是不一样的，因此商家需要在组合后进行分析，选择最优的组合方式。

任务实施

1. 分析网店流量来源及占比

下面在生意参谋中查看网店流量来源，并将相关数据采集到Excel中，利用图表分析网店流量占比，其具体操作如下。

微课视频

分析网店流量
来源及占比

（1）设置查询时间和流量入口。进入生意参谋的"流量"功能板块，选择左侧列表中的"店铺来源"选项，将时间设置为"30天"，将流量入口设置为"无线端"，如图6-15所示。

（2）采集数据。在"流量来源构成"板块中的"选择指标"栏中单击选中"访客数"和"下单转化率"复选框，然后单击"淘内免费"选项左侧的蓝色按钮⊕，将其下的数据隐藏起来，如图6-16所示，复制当前流量来源的数据。

（3）整理数据。将复制的数据粘贴到Excel中，并对数据进行适当整理，如图6-17所示（配套资源：素材\项目六\任务二\流量分析.xlsx）。

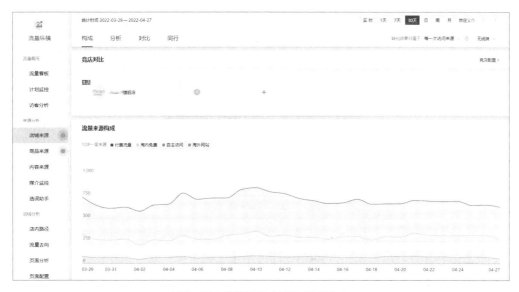

图6-15 | 设置查询时间和流量入口

流量来源	访客数	下单转化率	操作
⊕ 付费流量 ⑦	11,450 +3.30%	0.93% +6.89%	趋势
⊕ 淘内免费	6,027 -9.07%	2.64% +14.28%	趋势
⊕ 自主访问	1,620 -18.59%	9.07% +9.44%	趋势
⊕ 淘外网站	12 +50.00%	0.00% —	趋势
⊕ 淘外媒体 ⑦	4 +33.33%	—	趋势

图6-16 | 设置指标并复制数据

	A	B	C	D	E	F	G	H	I	J	K	L
1	流量来源	访客数	下单转化率									
2	付费流量	11,450	0.93%									
3	淘内免费	6,027	2.64%									
4	自主访问	1,620	9.07%									
5	淘外网站	12	0.00%									
6	淘外媒体	4	—									
7												

图6-17 | 整理数据

（4）分析流量构成。以A1:B6单元格区域的数据为数据源创建三维饼图，并对饼图进行适当美化，包括设置标题、删除图例、应用图表样式、添加数据标签等，如图6-18所示。从饼图数据来看，该网店的流量来源有五大渠道，分别是付费流量、淘内免费、自主访问、淘外网站、淘外媒体。但从来源占比来看，淘外网站和淘外媒体的引流效果几乎可以忽略。从整体上看，付费流量和淘内免费是网店的主要引流渠道，自主访问渠道的效果不太好，商家可以考虑从商品标题、主图着手吸引访客进行自主访问。

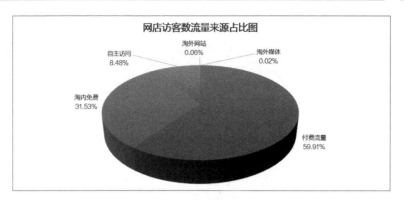

图6-18 | 流量来源占比

（5）分析流量质量。以A1:C6单元格区域的数据为数据源创建组合图（折线图为次坐标轴），并对组合图进行适当美化，如图6-19所示（配套资源：效果\项目六\任务二\流量分析.xlsx）。由图6-19可知，自主访问的转化效果最好，说明该渠道的引流质量最好。付费流量的下单转化率较低，虽然访客数较高，但转化效果并不理想，商家需要改善付费引流的策略，如调整引流关键词。

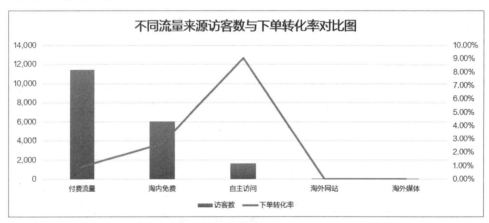

图6-19 | 访客数与下单转化率对比

📖 视野拓展

在互联网时代，无论电子商务、应用程序还是其他与互联网相关的行业，大都需要流量才能生存与发展。国家互联网信息办公室出台的《移动互联网应用程序信息服务管理规定》要求，应用程序提供者不得通过虚假宣传、捆绑下载等行为，通过机器或者人工刷榜、刷量、控评等方式，或者利用违法和不良信息诱导用户下载。电子商务运营者需要自觉遵守这一规定。

2. 使用生意参谋分析关键词

利用生意参谋"市场"功能板块中的"搜索洞察"功能，可以很方便地查看和分析关键词数据，其具体操作如下。

（1）搜索排行。在生意参谋中单击"市场"选项卡，选择"男装"类目，然后选择"搜索洞察"栏下的"搜索排行"选项，此时将显示该类目的

微课视频

使用生意参谋
分析关键词

所有关键词排行,包括长尾词、品牌词、核心词、修饰词。根据需要设置时间后,就可以查看该时间内热门关键词的排行和飙升情况。图6-20所示为当日男装类目的长尾词排行情况,商家根据搜索人气、点击人气、点击率、支付转化率等指标,可以进一步了解某一长尾词的引流和转化等效果。

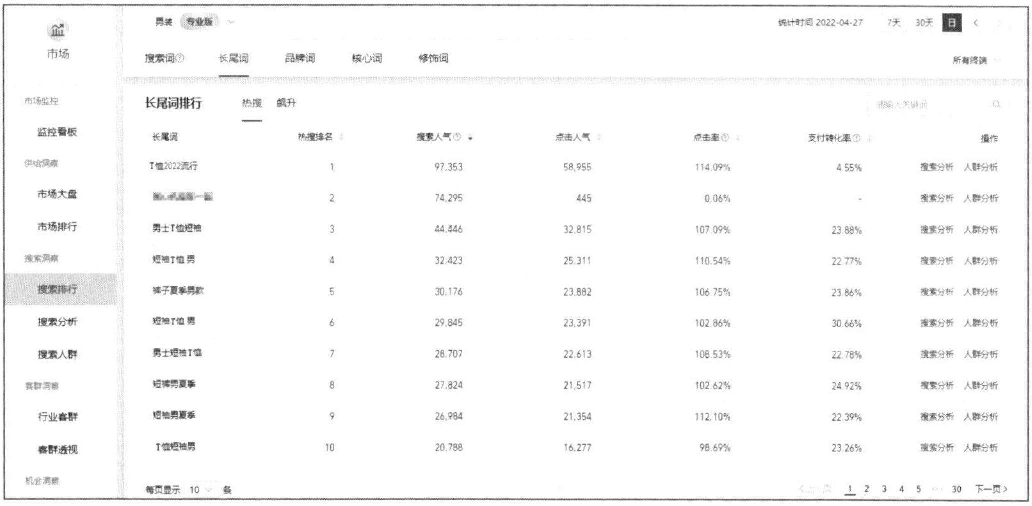

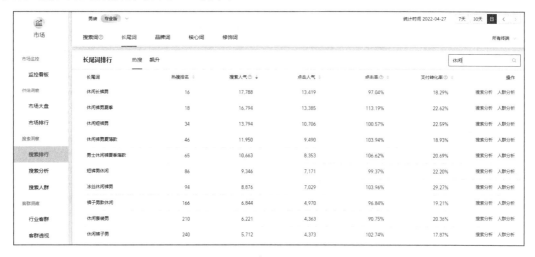

图6-20 | 查看热门关键词排行

(2)查找关键词。如果想查询与商品相关的某一关键词的引流和转化情况,我们可以在页面右上方的文本框中输入该词语。这里输入"休闲",按【Enter】键,此时可查看包含该关键词的长尾词的排行,如图6-21所示。

图6-21 | 查找关键词

(3)趋势分析。"搜索分析"功能可以用于单独分析某个关键词的趋势。选择左侧列表中的"搜索分析"选项便可进入搜索分析页面。在右上方的文本框中输入关键词,如"牛仔短裤男",按【Enter】键后将查询时间设置为"30天",将显示该关键词在近30天的搜索人气趋势。在"趋势分析"栏中选择某个指标,趋势图将显示对应的指标数据,如图6-22所示。由图6-22可知,该关键词近30天的搜索人气呈稳中有升的趋势。

图6-22｜关键词趋势分析

（4）相关词分析。滚动鼠标滚轮，可以在页面下方查看与该关键词相关的其他关键词排行，如图6-23所示。借助这些相关词的指标数据，可以从中找到更多的优质关键词。例如，商家经营的某款男装牛仔短裤具有薄、破洞、七分裤等特性，则可以寻找相应的相关词，并查看对应的搜索人气、搜索热度、点击率等指标数据，找到各项指标数据都比较优秀的关键词。

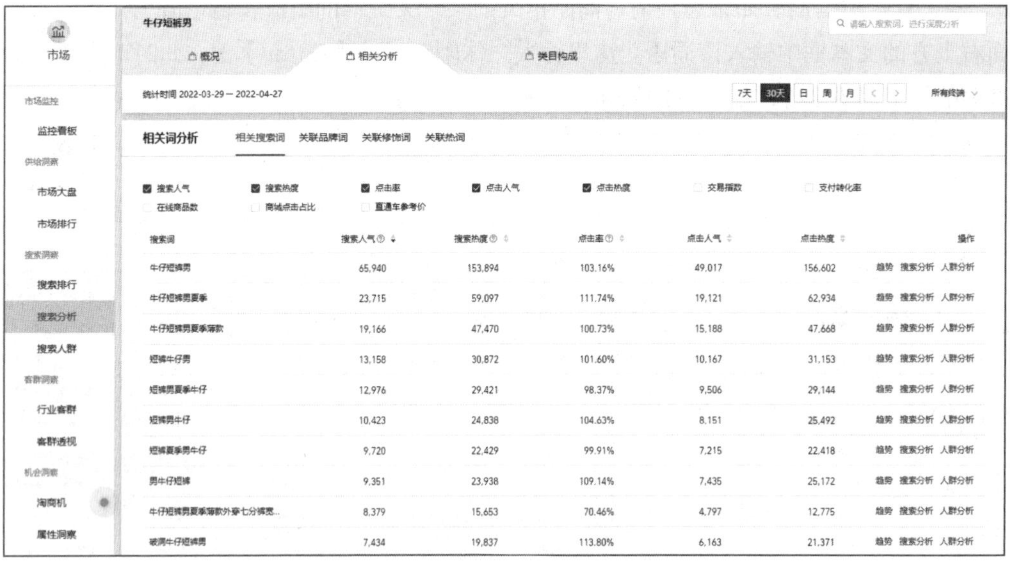

图6-23｜相关词分析

（5）类目构成分析。"相关词分析"栏下方还将显示该关键词的类目构成情况。例如，输入的关键词为"牛仔短裤男"，类目构成分析显示该关键词在男装类目下的点击人气和点击人数占比最高，如图6-24所示。

（6）搜索人群。选择左侧列表中的"搜索人群"选项，可以单独分析某个关键词的搜索人群画像，如性别、年龄、职业、地域和购买偏好等属性。图6-25所示为搜索"牛仔短裤男"关键词的人群画像数据。

图6-24｜关键词类目构成分析

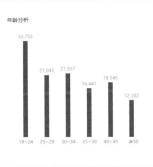
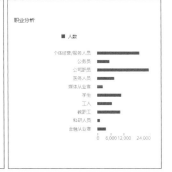

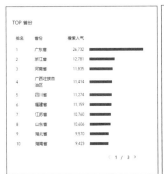
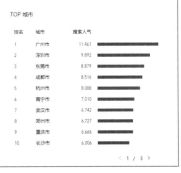

图6-25｜关键词的人群画像数据

项目实训

　　随着移动终端的普及和移动互联网技术的不断进步，越来越多人开始接受网购，网店的市场越来越大，竞争也越来越激烈，如何精准引流成为商家运营网店的头等大事。本实训将围绕流量进行分析，重点练习分析网店流量构成和关键词，进一步熟悉和巩固分析流量与关键词的基本方法。

微课视频

分析网店细分流量的构成情况

1. 分析网店细分流量的构成情况

网店的流量来源不是单一的，正常的流量来源是由多个渠道组成的。通过分析网店细分流量的构成情况，我们可以了解网店流量是否健康，是否需要改变引流策略等。

【实训目标】

（1）采集网店的付费流量、淘内免费流量和自主访问流量下各细分流量类型的访客数和下单转化率指标的数据。

（2）利用饼图分析细分流量类型占比。

（3）利用柱形图与折线图的组合图分析各细分流量类型的下单转化率。

【实训要求】

利用生意参谋获取网店的流量数据，采集并整理到Excel中，创建饼图分析网店各主要细分流量类型的构成比例，然后利用柱形图与折线图的组合图分析不同细分流量类型的下单转化率数据。

【实训步骤】

（1）单击生意参谋的"流量"选项卡，选择左侧列表中的"店铺来源"选项，将时间设置为"30天"，在"选择指标"栏中单击选中"访客数"和"下单转化率"两个指标对应的复选框，然后将"付费流量""淘内免费""自主访问"3种流量下的细分流量数据采集到Excel中并进行整理，如图6-26所示（配套资源：素材\项目六\项目实训\细分流量.xlsx）。

	A	B	C	D	E	F	G	H	I	J	K
1	**付费流量**				**淘内免费**				**自主访问**		
2	流量来源	访客数	下单转化率		流量来源	访客数	下单转化率		流量来源	访客数	下单转化率
3	直通车	10,698	0.84%		手淘搜索	3,175	2.33%		我的淘宝	1,271	5.43%
4	引力魔方	762	0.00%		手淘推荐	2,288	0.61%		购物车	909	13.53%
5	淘宝联盟	28	21.43%		手淘拍立淘	655	3.66%		淘口令分享	20	40.00%
6	其他	1	0.00%		淘内免费其他	206	4.85%				
7	红包签到	1	0.00%		手淘旺信	200	28.50%				
8					手淘其他店铺商品详情	109	1.83%				
9					手淘淘宝直播	95	11.58%				
10					订阅	93	1.08%				
11					天猫U先试用	87	0.00%				
12					推荐云主题	80	0.00%				
13					日常营销活动	63	3.17%				
14					手淘消息中心	62	4.84%				
15					手淘问大家	61	9.84%				
16					手淘有好货	48	2.08%				

图6-26 | 采集并整理数据

（2）以各流量来源的细分流量类型和访客数为数据源创建饼图，并进行适当设置，如图6-27所示。

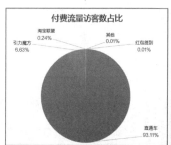

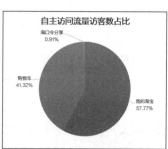

图6-27 | 创建并设置饼图

（3）以付费流量和自主访问流量下的细分流量类型、访客数和下单转化率为数据源创建柱形图与折线图的组合图（折线图为次坐标轴），并对组合图进行适当设置，如图6-28所示（配套资源：效果\项目六\项目实训\细分流量.xlsx）。由图6-28可知付费流量和自主访问流量下各细分流量类型的访客数与下单转化率对比情况，其中付费流量中的淘宝联盟与自主访问流量中的淘口令分享的下单转化率为各自最高，是优质的引流渠道。

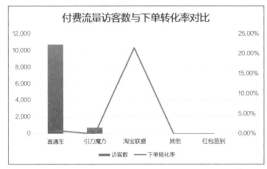
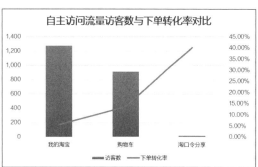

图6-28 | 创建并设置组合图

2. 分析男装春秋季外套的关键词

关键词的选择和组合直接影响商品的流量转化效果。本实训将利用生意参谋来查找和分析高质量关键词，以便组合出优质的商品标题。

【微课视频】

分析男装春秋季外套的关键词

【实训目标】

（1）分析关键词搜索趋势。

（2）分析关键词的相关词排行。

（3）分析关键词的相关修饰词排行。

【实训要求】

假设商品为男装外套，适合季节为春秋季，其余特征暂时未定，要求利用生意参谋来寻找高质量的长尾词、修饰词，并组成商品标题。

【实训步骤】

（1）单击生意参谋的"市场"选项卡，选择左侧列表中的"搜索分析"选项，将时间设置为"30天"，在文本框中输入"春秋外套男"，按【Enter】键查看该关键词的情况。

（2）查看该关键词的相关词情况，图6-29所示为关联修饰词的情况，通过查看各指标数据进行综合分析，可以发现"休闲""牛仔""新款"等关联修饰词的引流和转化效果都不错。

（3）单击某个关联修饰词右侧的"搜索分析"超链接，进一步查看该关键词在近段时间的搜索热度变化趋势。

（4）按照相同的思路，结合商品的属性特点，反复查看和分析长尾词、修饰词的各项指标数据和趋势，最终找到相应的关键词并组合成商品标题，如可将标题组合为"2022新款进口开衫防晒长袖薄款运动服高端休闲牛仔春秋男士外套"。

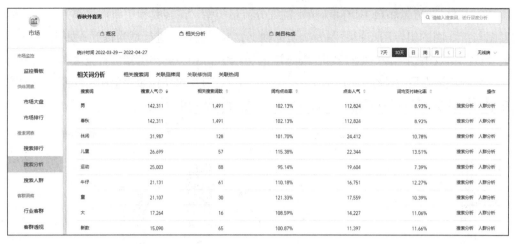

图6-29 | 关联修饰词的情况

 思考与练习

（1）随着互联网技术的不断发展，前期出现的流量红利逐渐开始消失，网店在现阶段有可能会面临流量少、流量陷阱等问题。请根据自己掌握的知识，思考在进行电子商务运营工作时，应该如何避免上述流量问题。

（2）请在生意参谋中分析网店的流量来源，找到其中引流质量较高的流量渠道，然后利用生意参谋的搜索分析功能为男装T恤设计一个30字的商品标题。

项目七

提高销量
——分析运营与销售数据

学习目标

◆ 熟悉在生意参谋中查看交易数据的方法。

◆ 掌握网店运营数据的分析方法。

◆ 了解客单价的概念和提高方法。

◆ 了解促销活动的目的和分析方法。

素养目标

◆ 能够通过数据对网店交易情况进行诊断分析。

◆ 能够使用各种运营指标和转化漏斗模型分析网店运营数据。

◆ 能够掌握提高客单价的方法。

◆ 能够通过促销数据分析促销活动的效果。

引导案例

电子商务活动中的运营与销售策略、方式和手段等都有别于实体行业。以网店为例，其交易金额就是访客数、转化率和客单价的乘积。其中，转化率是衡量网店能否吸引客户购买的一个指标，提高转化率就能提升销售业绩。

小陈是某公司的平面设计师，一个偶然的机会认识了一位做服装生意的朋友，听说可以拿到优质的服装货源后，他便萌发了开一家网店来经营男士正装的想法。心动不如行动，小陈很快就申请开通了网店。出于职业敏感，小陈发现大多数商家的网店装修效果很一般，于是他认为这是自己的一个突破口，便精心为自己的网店设计了色调，反复进行配色，花了近一周时间来试验，最后很好地完成了网店装修工作。

网店开张后，经过一系列常规的运营，客户逐渐多了起来，更重要的是网店受到了客户的一致好评，回头客也相当多。短短几个月的时间，回头客就占到了总客户的53%，新客户的转化率也远高于同行业的平均水平。

在转化率有保证的前提下，小陈进一步想办法引流，并对网店的装修进行定期优化，如优化商品的主图、详情页文案等，因此网店的转化率一直在稳步提高。

转化率只是衡量网店运营状况的重要指标之一，要想提高该指标的数据，涉及方方面面的运营管理，而网店装修只是其中的一个因素而已，商品价格、质量、客户评论等也都影响着转化率这个指标。小陈成功的原因在于他敏锐地发现了自己的优势，并且能够将这种优势合理地应用到网店中。

任务一 诊断网店交易数据

任务概述

生意参谋中的"交易"功能可以显示网店的各项交易数据，能够清楚显示网店的运营情况和出现的问题。本任务将利用该功能来诊断网店的交易数据。

相关知识

1. 交易概况

"交易概况"功能可以展示网店的交易总览和交易趋势，帮助商家从整体的角度来分析网店的运营情况。其中，"交易总览"栏可以设置交易日期和终端，页面下方显示对应的交易数据，内容包括访客数、下单买家数、下单金额、支付买家数、支付金额、客单价的实时数据。页面右侧的转化漏斗模型会显示客户从访问到下单再到支付的整个过程中不同环节的转化情况。

2. 交易构成

"交易构成"功能可以显示交易的终端、类目、品牌、价格带等的构成。其中，"终端构成"栏可以显示各个终端在指定时期的支付金额、支付金额占比、支付商品数、支付买家数、支付转化率等数据，商家通过对比数据就能清楚各个终端的交易情况；"类目构成"栏可以显示网店交易的类目构成情况；"品牌构成"栏可以显示网店经营的所有商品中各品牌的交易占比情况；"价格带构成"栏可以显示所有交易商品的价格分布情况。

3. 交易明细

"交易明细"功能可以显示指定日期的交易情况，包括订单编号、订单创建时间、支付时间、支付金额、确认收货金额、商品成本、运费成本等。

任务实施——使用生意参谋诊断网店交易数据

微课视频·

使用生意参谋诊断网店交易数据

下面利用生意参谋的"交易"功能查看并分析网店的交易情况，其具体操作如下。

（1）交易总览分析。单击生意参谋中的"交易"选项卡，选择左侧列表中的"交易概况"选项，如图7-1所示。由图7-1可知，网店的下单转化率较低，下单-支付转化率则为100%，客户访问量与下单量的差距过大，商家需要对商品详情页等对象进行优化。

图7-1｜查看网店的交易总览数据

（2）交易趋势分析。在页面下方的"交易趋势"栏可查看指定时期网店的交易趋势，如图7-2所示。由图7-2可知，该时期的交易趋势并不稳定，起伏很大。

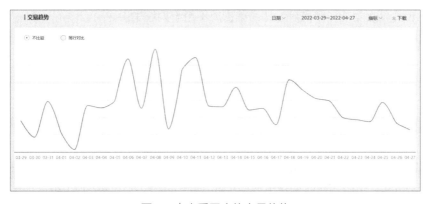

图7-2｜查看网店的交易趋势

（3）终端构成分析。选择左侧列表中的"交易构成"选项，查看不同终端的交易情况，如图7-3所示。由图7-3可知，网店的大部分交易发生在无线端，但就支付转化率而言PC端高于无线端，因此商家不应该忽视对PC端网店的维护与运营。

图7-3 | 查看网店的交易终端构成情况

（4）类目构成分析。向下滚动页面，查看网店男装各子类目的交易构成情况，如图7-4所示。由图7-4可知，网店交易业绩主要由牛仔裤、夹克和休闲裤构成，特别是牛仔裤，在各个指标上都处于领先地位，是网店的主要营收类目。

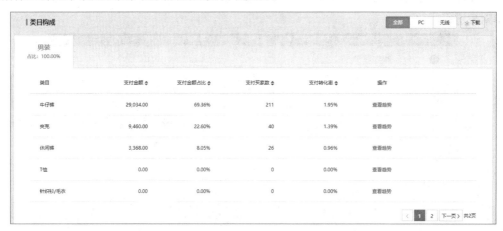

图7-4 | 查看网店的交易类目构成情况

（5）品牌构成分析。向下滚动页面，查看网店品牌交易数据的构成，如图7-5所示。由图7-5可知，网店经营的只有一个品牌，所有交易业绩均是由该品牌完成的。实际经营时，商家可以根据自身情况增加多个品牌，让品牌构成不至于太过单一。

图7-5 | 查看网店的交易品牌构成情况

（6）价格带构成分析。向下滚动页面，查看网店商品各价格带的交易情况，如图7-6所示。由图7-6可知，网店在此时期售出的都是80（不含）～150元和200（不含）～400元的商品，其他价格带的商品在该时期未做出销售贡献。

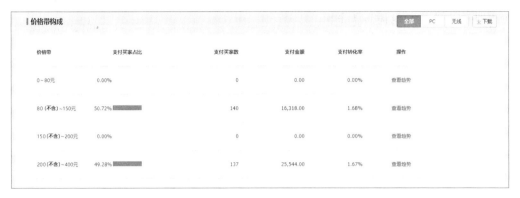

图7-6 | 查看网店的交易价格带构成情况

（7）交易明细分析。选择左侧列表中的"交易明细"选项，查看交易订单的详细数据，如图7-7所示。通过这些数据可以了解各交易订单的具体情况，如订单编号、订单创建时间、支付时间、支付金额、确认收货金额等。

图7-7 | 查看网店的交易明细情况

 **任务二 分析网店运营数据**

任务概述

成功引流后，商家还需要通过各种运营手段来提高转化率，而要提高转化率，就需要对与之相关的其他数据进行控制和管理。本任务将重点对网店的运营数据进行评估和分析。

相关知识

1. 重要的运营指标

反映网店运营情况的重要指标有很多，这里重点介绍点击率、收藏率、加购率、转化率。

- **点击率** | 点击率是衡量商品引流能力的数据，其计算公式：点击率=点击量/展现量×100%。其中点击量即客户点击某个对象的数量，展现量为某个对象展现在页面中的数量。具体而言，商品的标题、价格、销量、主图等都会影响点击量，只有提

高点击量，才能提高点击率。

- **收藏率**｜收藏率指将商品或网店进行收藏的人数与访客数之比。收藏率越高，说明商品的潜在交易客户越多。

- **加购率**｜加购率指将商品加入购物车的人数与访客数之比。加购率越高，同样说明该商品的潜在交易客户越多。与直接点击查看商品的流量相比，收藏加购的流量更有可能形成转化。

- **转化率**｜转化率指客户从某种行为转化为另一种行为的比率，提高转化率是提高销售额最有效的途径之一。其中，支付转化率的计算公式：支付转化率=支付人数/访客数×100%。

2. 转化漏斗模型

转化漏斗模型可以在从客户访问网店到最终成交的各个环节，一层层过滤转化人数，用于分析各个环节的转化情况，如图7-8所示。

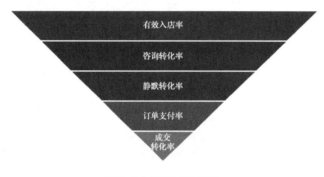

图7-8｜转化漏斗模型

（1）有效入店率

有效入店率是网店运营的一项重要指标，其计算公式：有效入店率=有效入店人数/访客数。其中，有效入店人数是指访问网店至少两个页面后才离开的客户的数量，也包括进入网店后直接收藏网店或商品、向客服人员咨询、将商品加入购物车和直接购买商品的客户的数量。

经验之谈

进入网店后只访问一个页面就离开，或没有进行收藏、咨询、加入购物车或直接购买的客户的数量被称为跳失人数，利用它可以计算跳失率。其计算公式：跳失率=跳失人数/访客数。另外，我们可以用出店率来衡量页面对客户的吸引力，出店率计算公式：出店率=出店人次/出店页面浏览量。出店人次指在该页面离开网店的客户的数量，该指标有助于找出受欢迎和不受欢迎的页面。

（2）咨询转化率

客户在访问网店或商品的过程中可能会产生疑问，如果他选择与客服人员进行沟通，且客服人员能够有效解决其疑问，商品的成交转化率往往会提高。而这个沟通且形成转化的过程，就涉及咨询率和咨询转化率这两个指标，它们的计算公式分别如下：

$$咨询率=咨询人数/访客数$$

$$咨询转化率=咨询成交人数/咨询人数=咨询成交人数/（访客数×咨询率）$$

（3）静默转化率

静默转化率指访问网店后，在没有咨询客服人员的情况下直接下单购买的客户数量与访客数的比率。一般来说，新客户的静默转化率会低于老客户的静默转化率，因为新客户对网店的商品款式、质量、服务、信誉等都不了解，基本上会通过一个沟通的过程来消除心中的疑虑。如果一个网店的静默转化率高，说明该网店的商品、服务等真正得到了客户的认可。

（4）订单支付率

订单支付率指的是订单支付人数与订单人数之比。有的客户在下单后，会因为各种原因迟迟不付款成交，这些未付款订单就会影响网店的订单支付率。订单支付率与成交转化率直接相关。一般来说，通过购物车、"已买到的宝贝"超链接、商品收藏夹或各种活动等途径访问网店的客户都具有明确的购物目的，其订单支付率会比较高；而其他如通过类目访问、站外访问等途径访问网店的客户，其订单支付率则相对较低。

（5）成交转化率

成交转化率是转化漏斗模型的最后一个环节对应的指标，它能够准确地反映网店的整个成交转化情况。如果成交转化率过低，商家可以利用转化漏斗模型进行反推，查看哪些环节出了问题，然后进行解决，最终提高成交转化率。

3. 影响转化的因素

商品的流量转化直接影响网店的最终销量。因此，当商品具有合格的引流能力时，商家一定要关注流量的转化情况，并对转化效果不佳的方面进行优化。实际上，影响转化的因素有很多，这里主要从最直观的几个因素入手进行介绍，包括商品主图、商品价格、网店首页、商品详情页和评价。

（1）商品主图

客户搜索到商品后，首先接触的就是主图。优秀的商品主图会吸引更多流量，提高点击率，甚至直接影响客户的购买行为。图7-9所示为某商品主图优化前后的对比效果，后者通过模特展示商品的销量就比前者单独摆放商品的销量高很多。影响商品主图质量的因素比较多，如精美的拍摄效果、合适的模特展示、精确的卖点文案、恰当的排版等都可以有效地提高主图的质量。商家在制作出主图后，可以进行合理的测试对比，选择更受客户喜欢的主图来展示商品。

（2）商品价格

客户认可商品主图效果或者被商品主图吸引后，很自然地就会查看该商品的价格。商品价格通常显示在商品主图的左下方，方便客户进行查看和对比。商品价格是商品竞争力最直接的体现，特别是同类商品之间进行竞争时，客户通常会选择价格更低的商品。在图7-10中，后者在价格上较前者有微弱的优势，这种优势会直接表现在销量上。因此，在同类竞争商品较多时，商家必须对商品价格进行优化，以获取更多的流量。

图7-9｜不同商品主图效果带来不同的销量

图7-10｜同一商品不同价格的销量对比

（3）网店首页

网店首页就像网店的"门面"，代表着网店的整体品质和格调。很多客户进店访问时，会跳转到网店首页查看商品分类，此时优秀的网店首页效果更利于引起客户的购买欲。图7-11所示为某童装网店首页的部分效果，它的设计风格符合儿童对彩色的憧憬，整个页面以清新多彩为核心，商品展示简洁大方又不失童趣，让客户自然而然地将网店与儿童联系起来，增加了客户继续浏览的兴趣，同时提高了商品成交的概率。

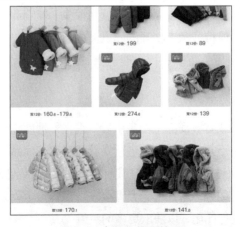

图7-11｜网店首页效果

（4）商品详情页

商品详情页是客户深入了解商品详细信息的页面。商品详情页上方主要展示商品短视频、主图、商品价格、销量、尺码、颜色、购买数量等内容，如图7-12所示。商品详情页的下方是商品详情介绍，包括商品图片、文案、参数、质量保证、客服、物流等信息。商品详情页是客户了解商品的主要途径，也是影响客户购买决策的重要页面。一般来说，大多数客户是在仔细浏览商品详情页内容后才做出下单决定的，因此商家要合理利用商品详情页的功能，尽可能全面且简洁地展示商品，打消客户的购买顾虑，促使其下单。

图7-12｜商品详情页上方内容

（5）评价

好的评价也是促成交易的重要因素。客户在查看商品详情时，也会关注评价情况。评价数量多，说明购买人数较多。一般来说，评价较好的商品更容易赢得客户信任，促使其做出购买决定。图7-13所示为某商品的评价数据。另外，评价还会影响网店信用评分，淘宝网的规则是好评加1分，中评不计分，差评扣1分。信用评分的高低则直接影响商品和网店的综合排名，排名靠前，商品才能获得更多搜索展示机会，才有可能获得更多流量和转化。因此商家需要随时关注评价情况，尽量提高好评的占比。

图7-13｜某商品的评价数据

任务实施

1. 有效提高点击率、收藏率、加购率，降低跳失率

点击率、收藏率、加购率、跳失率等，都能影响网店的交易转化效果，而要优化这些运营指标，就需要在商品标题、商品主图、商品价格、网店首页、商品详情页、评价等对象上下功夫。例如商品标题如果没有包含有效关键词，那么客户就无法通过关键词搜索到商品，商品没有展示机会，点击量自然也不会增加。请根据以下提示，说说如何提高点击率、收藏率、加购率，降低跳失率，并将相关方法归纳到表7-1中。

表7-1 有效优化运营指标的方法

指标	提示	方法
点击率	（1）商品标题（关键词设计） （2）商品主图（拍摄效果、模特展示、文案、卖点、排版）	
收藏率	（1）商品价格 （2）促销优惠 （3）客服人员答疑 （4）网店首页（整体风格、文案、图片、链接通道）	
加购率	（1）商品价格 （2）促销优惠 （3）客服人员答疑 （4）评价优化（好评、中评、差评的比例）	
跳失率	商品详情页（商品图片、短视频、文案、参数、质量保证、物流等）	

2. 分析网店各页面出店率

网店是由若干页面组成的一个整体，如首页、分类页、商品详情页、自定义页以及搜索页。通过对页面的出店率进行分析，可以发现各种页面的优点和缺点，从而能够有针对性地优化页面内容，降低出店率。下面介绍分析网店各页面出店率的方法，其具体操作如下。

微课视频

分析网店各页面出店率

（1）计算出店率。打开"出店率.xlsx"素材文件（配套资源：素材\项目七\任务二\出店率.xlsx），利用出店人次和浏览量数据计算出各页面的出店率，如图7-14所示。

访问页面	浏览量	访客数	出店人次	出店率
首页	41377	7070	20552	49.67%
分类页	20839	4935	11739	56.33%
商品详情页	44940	11900	14777	32.88%
自定义页	15673	5607	13293	84.81%
搜索页	24612	7798	8400	34.13%
其他页面	9478	721	3507	37.00%

图7-14｜计算出店率

（2）对比出店率。以访问页面和出店率为数据源，创建柱形图，适当调整并设置图表，如图7-15所示（配套资源：效果\项目七\任务二\出店率.xlsx）。

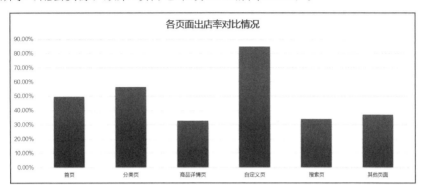

图7-15 | 各页面出店率对比

（3）分析出店率。正常情况下，首页出店率为15%左右，由图7-15可知，该网店的首页出店率高达49.67%，说明大多数客户在访问网店首页后选择离开，并不想继续浏览其他页面，因此商家需要对网店首页进行优化，以更有吸引力的内容让客户通过首页点击其他页面进行访问。该网店的商品详情页的出店率为32.88%，低于全平台50%的标准，说明商家对商品详情页的管理较好，能够让客户全面了解商品情况，且内容具有一定的吸引力。分类页作为网店的商品列表导航页，出店率应为20%左右，该网店的分类页出店率为56.33%，说明分类页设计存在问题，对客户无法形成有效引导，商家需简化分类页层次结构。搜索页是客户在网店首页的文本框中输入关键词后显示的页面，主要是为了方便客户快速找到商品，所以搜索页的出店率应约为10%，而该网店搜索页的出店率为34.13%，说明客户无法有效地通过搜索找到想买的商品，商家需要对该页面进行优化。自定义页指网店自定义的页面，绝大部分网店的自定义页会介绍品牌故事、导购服务流程及售后服务等。这类页面的功能有限，出店率通常为5%左右，该网店自定义页的出店率为84.81%，远远超出了正常范围，说明商家将大量内容放置在自定义页，错误地引导了客户。商家接下来应该大量简化该页面内容，引导客户将精力花费在商品详情页上，以促成下单交易。

任务三 分析网店客单价

任务概述

客单价在某种程度上反映了目标客户群体的消费力，也直接影响着网店的最终销售额，它是网店运营时不可忽视的对象。本任务将全面介绍客单价，并讲解提高客单价的方法。

相关知识

1. 客单价的概念

为了便于理解，在介绍客单价的概念之前，我们先举个例子。某网店在上午11点至12

点，共有10位客户进行了交易，成交总金额为12 000元，其中有9位客户分别成交了1笔订单，1位客户成交了3笔订单。那么，该网店在该时间段的客单价应该是1 200（12 000/10）元还是1 000[12 000/（9+3）]元呢？答案是1 200元。

客单价=成交金额/成交客户数。该时间段内，成交总金额为12 000元，成交客户数为10人，因此客单价为1 200元。而后一种计算方法中得出的1 000元为笔单价，即平均每笔订单的交易额。人均交易笔数=（9+3）/10=1.2（笔）。可以发现，1 000×1.2=1 200（元），这正好是客单价的数据。因此，笔单价与人均交易笔数的乘积，就是客单价。

综上所述，客单价是由笔单价和人均交易笔数决定的，笔单价和人均交易笔数越高，客单价就越高。简言之，每位客户支付的金额越高，客单价就越高。

2. 影响客单价的因素

影响客单价的因素主要有商品定价、促销优惠、关联销售、购买数量等。

- **商品定价**｜商品定价的高低基本上决定了客单价的多少，理论上，客单价只会在该定价的一定范围内浮动（正常情况）。
- **促销优惠**｜在进行大型促销优惠的过程中，客单价的高低取决于优惠的力度。另外，基于优惠力度的大小，免运费的最低消费标准的设置对客单价也有重要影响。例如，在"双十一"活动中，某网店设置的免运费最低消费标准为199元，也就是消费满199元才能免运费。这样的规则会让客户主动选择购买多件商品，以求达到免运费的最低消费标准，这时的客单价与平时相比就会提高不少。
- **关联销售**｜这是一个间接影响因素。以淘宝网为例，网店一般会在商品详情页推荐相关的购买套餐，同时加入其他商品的链接，如图7-16所示。这种关联销售是交叉推荐的最原始定义，在流量上则叫作相互引流。现在基于大数据的算法，首页、搜索页、商品详情页、购物车页、订单页等各种页面中都会有关联商品的推荐。

图7-16｜关联销售

- **购买数量**｜这个因素由商品类目的属性决定。要想提高客单价，商家可以提高客户购物的种类，以及单个订单内商品的数量。许多购物平台推出的"凑单"销售方式，其原理就是如此。

任务实施——分析提高客单价的常见方法

通过前面的分析可知,客单价由笔单价和人均交易笔数决定。当笔单价固定不变时,商家就可以通过引导客户购买多件商品的方式来提高客单价。请判断表7-2中的方法是否能够提高客单价,并说明原因。

表7-2 分析提高客单价的方法

方法	要点	能否提高客单价	原因
提供附加价值	设置消费额达到某个值后可以享受特殊服务		
价格吸引	多买多得		
提供套餐	设计多种套餐购买优惠活动		
商品详情页关联	将互补商品搭配起来销售		
客服人员推荐	类似实体店导购		

视野拓展

有些不法商家为了提高销量,会通过大幅提高商品单价的方式来提高客单价,这种行为一旦触犯了《价格法》,是需要承担法律责任的。《价格法》第七条规定:经营者定价,应当遵循公平、合法和诚实信用的原则。商家在实际工作中,应该以合法合规的方法提高客单价,不能做出违反法律法规的行为。

任务四 分析网店促销活动数据

任务概述

开展促销活动是网店运营的重要手段之一。促销活动结束后,商家可以采集相应的促销活动数据,对促销活动效果进行分析,以求找到促销活动成功或失败的原因,从而加以改善,为以后的促销活动提供宝贵的经验和教训。本任务将带大家学习如何对促销活动数据进行分析,找出影响促销活动成败的关键因素。

相关知识

1. 开展促销活动的目的

电子商务企业开展促销活动的目的不单单是提升销售业绩,归纳而言,促销活动的目的主要有以下几种。

- **销售最大化** | 通过促销活动提高销量,让客户尽量"多买",这是促销活动的主要目的。

- **利润最大化** | 通过促销活动提高支付转化率,主要针对的是利润较大的商品,以这

类商品的销售来实现利润最大化。

- **清理库存**｜通过促销活动清理积压的库存商品，减轻库存压力。
- **回笼资金**｜通过促销活动在短期内快速回笼资金，以维持正常经营或开展其他活动。
- **取得竞争优势**｜通过促销活动在竞争中吸引流量，使自己在竞争中取得优势。

2. 促销活动的分析方法

商家在促销活动结束后，会利用自己的分析模型对促销活动数据进行计算和分析。这里主要介绍一些基本的分析方法以供参考。

- **描述统计**｜使用描述统计观察数据的均值、中位数、标准差以及异常值范围，对数据整体表象进行描述。
- **相关性分析**｜使用相关性分析评估各种因素对核心指标的影响程度，找到对促销活动影响最大的因素。
- **数据预测**｜使用预测工具对促销活动未来的效果进行预测。

任务实施

1. 通过描述统计查看促销活动整体效果

下面通过生意参谋将指定日期网店的访客数和支付转化率采集到Excel中加以整理，然后创建组合图查看指标的变化趋势，接着利用描述统计来分析数据，其具体操作如下。

（1）采集数据。在生意参谋中将网店5月14日至5月30日的访客数和支付转化率两个指标的数据采集到Excel中，其中5月16日、23日和30日为网店的活动日，如图7-17所示（配套资源：素材\项目七\任务四\促销活动.xlsx）。

	A	B	C
1	日期	访客数	支付转化率
2	5月14日	5000	10.00%
3	5月15日	6000	10.20%
4	5月16日（活动日）	100000	11.00%
5	5月17日	5800	9.80%
6	5月18日	6400	9.70%
7	5月19日	6000	9.90%
8	5月20日	5900	10.10%
9	5月21日	6500	10.00%
10	5月22日	6000	9.60%
11	5月23日（活动日）	90000	10.00%
12	5月24日	6100	9.80%
13	5月25日	5600	10.20%

图7-17｜采集并整理数据

（2）创建图表。利用表格数据创建组合图，其中折线图对应的支付转化率为次坐标轴，如图7-18所示。由图7-18可知，3个活动日的数据表现与平时相比是有明显提升的。

（3）加载"数据分析"选项卡。单击Excel的"文件"选项卡，选择左侧列表中的"选项"选项。打开"Excel选项"对话框，选择左侧列表中的"加载项"选项，然后单击下方的 转到(G)... 按钮，打开"加载项"对话框，单击选中"分析工具库"复选框，单击 确定 按钮，如图7-19所示。

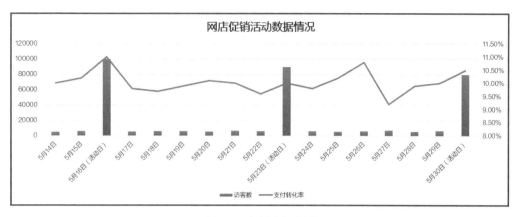

图7-18｜创建组合图

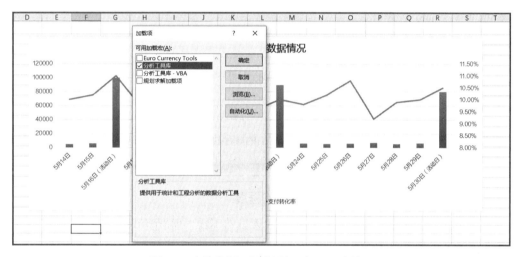

图7-19｜将分析工具库添加到Excel功能区

（4）使用描述统计工具。单击【数据】/【分析】组中的 数据分析 按钮，打开"数据分析"对话框，在"分析工具"列表框中选择"描述统计"选项，单击 确定 按钮。打开"描述统计"对话框，按图7-20所示内容进行设置，完成后单击 确定 按钮。

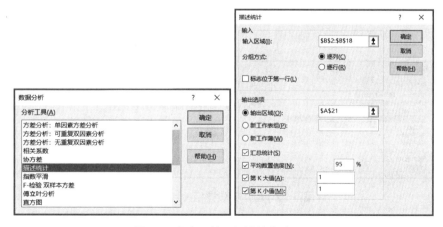

图7-20｜应用并设置描述统计工具

（5）分析结果。Excel将在指定位置显示统计结果，适当对结果进行调整，如图7-21所示。通过最大值和平均值的统计结果可以发现，活动日的访客数几乎是平均访客数的5倍，说明促销活动的效果是不错的。整个活动期间的中位数和众数分别为6 100和6 000，说明访客数比较稳定。

	A	B
21	统计项目	
22		
23	平均	20871
24	标准误差	8047
25	中位数	6100
26	众数	6000
27	标准差	33178
28	方差	1100772206
29	峰度	2
30	偏度	2
31	区域	95000
32	最小值	5000
33	最大值	100000
34	求和	354800
35	观测数	17
36	最大(1)	100000
37	最小(1)	5000
38	置信度(95.0%)	17058

图7-21 | 描述统计的结果

经验之谈

中位数是指将一组数据按从小到大或从大到小的顺序排列后，处于中间位置的数据；众数是指一组数据中出现频率最高的数据。

2. 通过相关性分析找出指标之间的影响程度

由前面的组合图可以发现，促销活动的效果虽然不错，但3个活动日的访客数越来越少。要找出其原因，可以对访客数和支付转化率进行相关性分析，看看这两个指标之间的关系是否紧密，其具体操作如下。

微课视频

通过相关性分析找出指标之间的影响程度

（1）使用相关系数工具。单击【数据】/【分析】组中的 [数据分析] 按钮，打开"数据分析"对话框，在"分析工具"列表框中选择"相关系数"选项，单击 [确定] 按钮。打开"相关系数"对话框，按图7-22所示内容进行设置，完成后单击 [确定] 按钮。

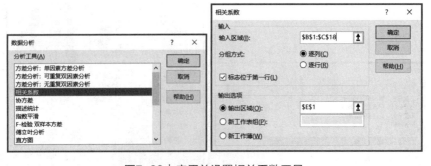

图7-22 | 应用并设置相关系数工具

（2）设置结果。Excel将在指定位置显示分析结果，适当对结果进行调整，如图7-23所示。

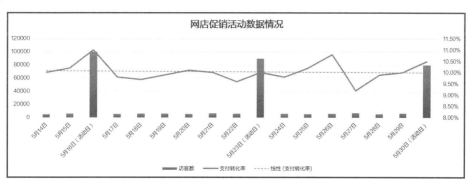

图7-23 | 相关系数分析的结果

（3）添加趋势线。在组合图的折线图上单击鼠标右键，在弹出的快捷菜单中选择"添加趋势线"命令，如图7-24所示。根据相关性分析结果可知，访客数和支付转化率的相关系数约为0.53，两者有较强的相关性关系。也就是说，支付转化率会影响访客数。根据3个活动日支付转化率的变化趋势线呈下降趋势可知，访客数在受到支付转化率变化影响后就会下降。

图7-24 | 添加趋势线后的组合图

3. 通过"工作表预测"功能了解未来趋势

网店如果想要延长促销活动的时间，但又不确定延长后的效果如何，则可以以数据为基础来预测未来的情况，为确定是否延长促销活动时间提供参考，其具体操作如下。

微课视频

通过"工作表预测"功能了解未来趋势

（1）设置表格数据。由于使用Excel的"工作表预测"功能需要连续或间隔相等的时间数据，所以这里需要调整数据内容。按【Ctrl+H】组合键打开"查找和替换"对话框的"替换"选项卡，在"查找内容"下拉列表框中输入"（活动日）"，默认"替换为"下拉列表框为空，单击 全部替换(A) 按钮，并在打开的对话框中单击 确定 按钮，快速清除表格中的"（活动日）"文本，如图7-25所示。

（2）创建预测工作表。选择A1:B18单元格区域，在【数据】/【预测】组中单击"预测工作表"按钮 ，在打开的对话框中单击 创建 按钮。

图7-25｜清除"（活动日）"文本

（3）分析预测数据。此时将以新工作表的方式显示预测工作表，并通过图表的方式显示未来走势情况，如图7-26所示（配套资源：效果\项目七\任务四\促销活动.xlsx）。由图7-26可知，访客数在未来几天内会继续下降，促销活动的效果将继续变差。

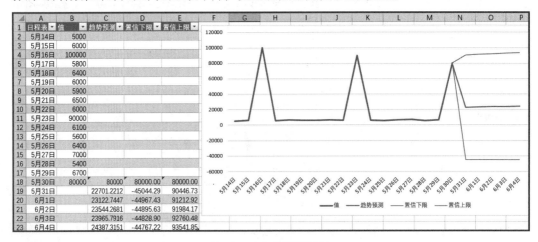

图7-26｜预测促销活动

项目实训

网店运营是非常重要的，商家只有充分了解自己网店的经营数据，才能更好地利用这些数据来分析网店运营的各方面情况，解决出现的各种问题，最终才能有效提升网店销售业绩。本实训将先利用生意参谋对网店运营数据进行全面分析，然后在Excel中对促销活动数据进行分析。

1. 使用生意参谋全面分析网店运营数据

生意参谋的"首页"功能与"交易"功能能够实时显示网店的运营数据和交易及转化数据，因此商家可以利用这些功能对网店的运营情况进行全面分析。

微课视频

使用生意参谋全面分析网店运营数据

【实训目标】

（1）全面了解网店各方面的运营情况。

（2）分析网店交易及转化情况。

【实训要求】

（1）在生意参谋的“首页”功能中利用整体看板、流量看板、转化看板、客单看板，了解网店的运营情况。

（2）利用生意参谋的“交易”功能分析网店交易及转化数据的问题。

【实训步骤】

（1）登录生意参谋，单击“首页”选项卡，并单击“整体看板”栏右侧的“表格”超链接，通过数据对比的方式全面了解网店最近一个月的交易、流量、商品、推广等数据，如图7-27所示。

		2022-03	较去年同期	2022-02	较去年同期	2022-01	较去年同期	2021-12	较去年同期	2021-11	较去年同期
交易	支付金额	40,114.00	-75.55%	26,258.00	-73.75%	122,982.26	-43.70%	331,604.45	+286.70%	141,636.06	+25.98%
	支付转化率	1.47%	-68.95%	1.47%	-68.10%	1.93%	-52.42%	2.37%	+33.61%	2.09%	-0.91%
	客单价	153.11	+25.16%	139.67	+15.76%	138.34	+7.08%	253.33	+87.59%	133.37	+3.08%
	支付买家数	262	-80.46%	188	-77.32%	889	-47.43%	1,309	+106.14%	1,062	+22.21%
	支付老买家数	27	-59.09%	20	-47.37%	68	-36.45%	77	+57.14%	61	-20.78%
	老买家支付金额	4,568.00	-45.52%	2,600.00	-43.53%	9,585.24	-31.19%	110,499.49	+1576.52%	8,256.18	-27.94%
	支付件数	290	-78.82%	202	-76.09%	977	-45.08%	2,679	+273.64%	1,172	+22.47%
	支付子订单数	288	-78.96%	202	-76.07%	975	-45.07%	1,399	+100.43%	1,168	+22.95%
流量	访客数	17,879	-37.08%	12,764	-28.92%	45,967	+10.50%	55,204	+54.29%	50,772	+23.33%
	浏览量	52,743	-41.13%	42,864	-31.66%	165,302	+12.00%	201,269	+60.59%	170,450	+21.03%
商品	加购人数	866	-58.92%	688	-48.70%	2,574	-17.26%	3,515	+60.72%	3,164	+19.85%
	加购件数	980	-58.07%	778	-47.57%	3,002	-13.79%	5,371	+113.73%	3,653	+21.40%
	商品收藏人数	854	-55.80%	632	-53.80%	2,089	-30.53%	3,111	+35.03%	2,728	+7.78%
推广	万相台消耗	0.00	-	0.00	-	0.00	-	0.00	-	0.00	-
	直通车消耗	19,624.21	+44.66%	8,066.21	-0.36%	37,527.14	-2.05%	46,232.31	+9.59%	62,261.17	+37.21%
	引力魔方消耗	813.58	-	1,483.61	-	1,438.79	-	646.84	-	0.00	-

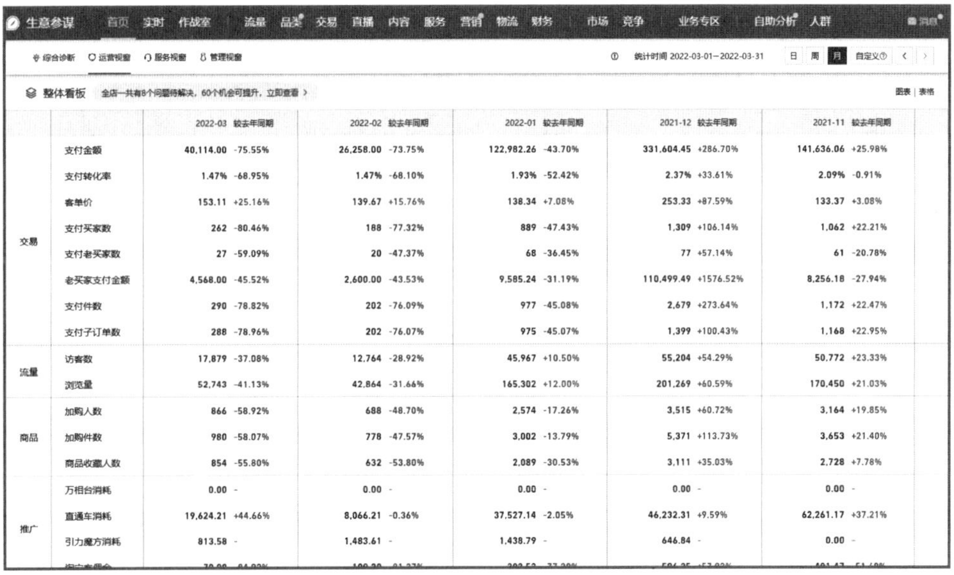

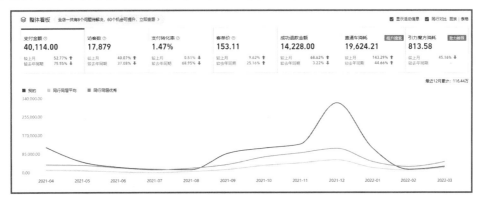

图7-27｜整体看板的表格模式

（2）单击“整体看板”栏右侧的“图表”超链接，通过图表的方式了解支付金额、访客数、支付转化率、客单价等指标的变化趋势，如图7-28所示。

图7-28｜整体看板的图表模式

（3）向下滚动页面，查看"流量看板"栏中各类流量来源的变化趋势，以及对应的跳失率、人均浏览量等指标，从中找出优质的流量来源，如图7-29所示。

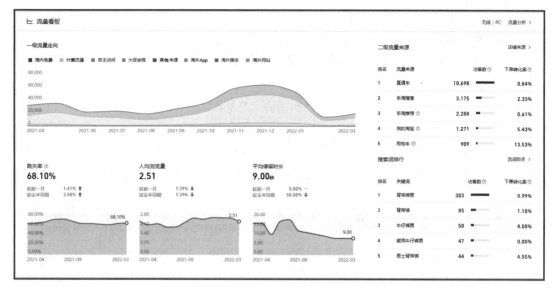

图7-29｜查看网店流量数据

（4）向下滚动页面，查看"转化看板"栏中客户在各个阶段的转化数据，大致了解收藏、加购和支付的相关数据，如图7-30所示。

图7-30｜查看网店转化数据

（5）向下滚动页面，查看"客单看板"栏中客单价和支付件数的分布情况，如图7-31所示。

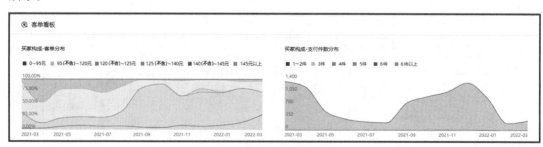

图7-31｜查看网店客单数据

（6）单击"交易"选项卡，设置时间为"最近7天"，查看网店交易情况和各阶段转化情况，找出影响最终支付转化率的因素，如图7-32所示。

图7-32 | 查看网店交易和转化数据

2. 利用Excel分析促销活动数据

网店开展促销活动后的数据可以反映活动的效果，商家可以将需要分析的数据采集到Excel中，利用其数据分析功能来挖掘数据的价值。

【实训目标】

（1）了解促销活动期间的访客数和支付转化率情况。

（2）了解促销活动的效果。

【实训要求】

（1）在Excel中利用组合图查看访客数和支付转化率的变化趋势。

（2）利用描述统计分析促销活动的效果。

【实训步骤】

（1）打开"促销活动.xlsx"素材文件（配套资源：素材\项目七\项目实训\促销活动.xlsx），利用表格数据创建组合图，并查看访客数和支付转化率两个指标的变化趋势，如图7-33所示。

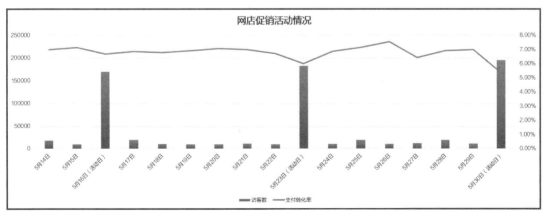

图7-33 | 查看访客数和支付转化率的变化趋势

（2）在【数据】/【分析】组中单击 数据分析 按钮，应用"描述统计"分析工具，分析访客数和支付转化率的相关统计结果，如图7-34所示（配套资源：效果\项目七\项目实训\促销活动.xlsx）。

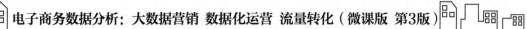

日期	访客数	支付转化率		访客数		支付转化率			
5月14日	18500	7.00%							
5月15日	10200	7.14%		平均	43127	平均	6.79%		
5月16日（活动日）	170000	6.70%		标准误差	16250	标准误差	0.12%		
5月17日	19860	6.86%		中位数	11390	中位数	6.93%		
5月18日	10880	6.79%		众数	10200	众数	7.00%		
5月19日	10200	6.93%		标准差	66999	标准差	0.50%		
5月20日	10030	7.07%		方差	4488874322	方差	0.00%		
5月21日	11050	7.00%		峰度	2	峰度	409.99%		
5月22日	10200	6.72%		偏度	2	偏度	−172.57%		
5月23日（活动日）	183000	6.00%		区域	185970	区域	2.21%		
5月24日	10370	6.86%		最小值	10030	最小值	5.35%		
5月25日	19520	7.14%		最大值	196000	最大值	7.56%		
5月26日	10880	7.56%		求和	733160	求和	115.49%		
5月27日	11900	6.44%		观测数	17	观测数	1700.00%		
5月28日	19180	6.93%		最大(1)	196000	最大(1)	7.56%		
5月29日	11390	7.00%		最小(1)	10030	最小(1)	5.35%		
5月30日（活动日）	196000	5.35%		置信度(95.0%)	34448	置信度(95.0%)	0.25%		

图7-34｜分析访客数和支付转化率

 思考与练习

（1）某网店有这样一组数据：有效入店率85%、咨询转化率12%、静默转化率3%、订单支付率88%、成交转化率15%。请思考这些数据反映了网店哪些问题，这些问题要如何解决。

（2）请登录生意参谋，利用"首页"功能了解网店各个环节的运营情况，并分析这些数据反映了哪些问题。

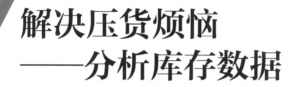

项目八

解决压货烦恼
——分析库存数据

引导案例

2022年3月1日，某生产快速消费品的企业（甲企业）的上海总仓出现无法配货的情况。这个位于某物流基地的仓库，负责甲企业整个华东地区的商品配送。在甲企业最近的一次招投标之后，A物流公司取代了此前负责此合同物流项目的B物流公司，接手了仓库管理。

B物流公司撤走的同时，把仓库操作人员全部调走，A物流公司新招入的员工对商品不熟悉，这就导致了交接的混乱。有的员工在拣货时发现商品外表相同，但其实并不是同一个SKU，从而导致错漏。此外，不同商品有不同的配送方法，有的按SKU全部取出，然后依照订单分拣；有的按订单直接取货。一旦流程出现疏漏，就会造成全盘混乱。

如果员工对操作不熟，繁多的仓库管理系统功能只能给出错误的导向，而一旦仓库内部混乱，配错的订单就会被退回，不但会造成经济损失，而且按照预定时间接货的车队的计划也会被打乱，正所谓"牵一发而动全身"。

招标后，甲企业上海总仓断货问题依然未得到解决。从3月7日开始，华东地区的大批货物已由甲企业合肥仓和广州仓做长线补给，而南京仓也在不久前开始发货，但"远水仍然救不了近火"。

仅仅是一个仓库的问题，就能让物流公司和企业如此狼狈吗？答案是肯定的，仓库牵涉库存，库存对企业特别是对部分电子商务企业而言就是命脉。行业里有这样一句话："做零售就是做库存。"网上开店的很多商家就身处零售行业，因此库存对他们而言，更是重中之重。只有管理好库存，才能保证网店的正常运营。

任务 一 认识电子商务库存

任务概述

当商品热销时，如果库存不足且来不及补货，就会耽误大好的销售时机。当商品滞销时，如果库存过多，又会造成仓库资源和成本的浪费。因此，合理管理库存对网店正常运营具有极大的影响。要合理管理库存，就要正确认识电子商务库存。本任务将主要从库存系统、仓库系统和电子商务库存的组成这3个角度带大家认识电子商务库存。

相关知识

1. 库存系统

库存系统的作用之一就是管理好商品的实时库存数据。商家可以通过该系统了解当前商品是否可以销售及可以销售的数量；客户可以通过该系统了解商品是否可以购买及可以购买的数量。图8-1所示为淘宝网商品详情页上库存系统显示的库存数据。

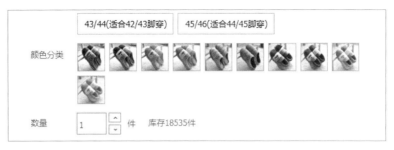

图8-1 | 库存数据

2. 仓库系统

仓库系统管理的是真实仓库里的库存，一些大型企业的仓库往往面积非常大，商品种类和商品数量都比较多，因此有必要使用仓库系统来进行管理。

简单来说，这个仓库一天有多少商品进入，每件商品的数量有多少，每天从这个仓库发出去多少商品，仓库里面每件商品还剩下多少，剩下的商品分别存储在仓库的哪个位置等，都属于仓库系统管理的主要内容。

既然有了仓库系统，那为什么还要用库存系统呢？举例而言，当A商品在仓库里有10件时，仓库系统负责管理A商品的数量及它的位置信息。但仓库中有10件商品，并不代表网店可以销售的数量也是10件，因为10件A商品可能已经售出3件，只不过这3件商品还没有出库，所以仓库系统里面的A商品数量依然为10，但网店能够销售的数量只能是7。仓库系统负责管理当前时刻仓库里的库存，并不区分商品的销售状态，所以需要库存系统来解决这个问题，即库存系统管理商品可销售数量，仓库系统管理商品实际数量。

🐛 经验之谈

商家在使用库存系统时，仓库有货则页面显示当前可销售的商品数量，商品销售完毕则页面显示"无货"，并提供"到货通知"的提示，如图8-2所示。

图8-2 | 无货时的显示状态

3. 电子商务库存的组成

电子商务库存往往由许多部分组成。以B2C电子商务库存为例，这类电子商务商品库存包含可销售库存、订单占用库存、不可销售库存、锁定库存、虚库存、调拨占用库存、调拨中库存等部分，其关系如下：电子商务商品的总库存=可销售库存 + 订单占用库存 + 不可销售库存 + 锁定库存 − 虚库存 + 调拨占用库存 − 调拨中库存。

任务实施

1. 探寻仓库系统与库存系统是如何配合工作的

当发生与商品相关的行为，如采购、下单等行为时，仓库系统和库存系统就需要互相配合，以完成对库存数据的传递与管理。下面重点利用采购入库、下单锁库存、订单取消解锁库存等行为来说明仓库系统与库存系统的配合方式。

（1）采购入库。当网店需要进货时，首先就会发起采购计划，这时就需要在仓库系统里建立一个采购单，以记录哪件商品采购了多少数量，把这批商品采购到哪个仓库等。发起采购后就会将采购到的商品入库，此时仓库系统会对相应的商品数量进行更改，同时会告知库存系统对应商品的入库数量，让库存系统及时调整商品数量。

（2）下单锁库存。当有客户购买商品时，库存系统会先将该商品数量锁定，然后等待仓库出货。举例而言，假设A商品采购入库的数量为10，库存系统也会显示A商品的数量为10，此时网店可以销售的该商品的数量为10。当客户购买了1件A商品时，库存系统会将该商品锁定1件，表示有1件商品已经售出。这时库存系统会通知仓库系统，此商品目前能购买的数量为9，如图8-3所示。

下单前

仓库系统库存数量	锁定数量	库存系统库存数量
10	0	10

下单后

仓库系统库存数量	锁定数量	库存系统库存数量
10	1	9

图8-3 | 下单锁库存

（3）订单取消解锁库存。当客户下单购买A商品后，如果因为某些原因取消订单，且此时A商品仍未从仓库出货，则库存系统需要将锁定的数量解锁，重新调整库存数量，如图8-4所示。

取消订单后

仓库系统库存数量	锁定数量	库存系统库存数量
10	0	10

图8-4 | 订单取消解锁库存

（4）出库扣库存。如果客户没有取消订单，则仓库系统需要将该商品出库并调整数量，然后通知库存系统重新调整锁定数量，如图8-5所示。

出库后

仓库系统库存数量	锁定数量	库存系统库存数量
9	0	9

图8-5｜出库扣库存

（5）仓库间调拨。如果商家拥有多个仓库并分布在全国各地，那么客户下单购买时，商家就要尽量从离客户最近的仓库发货，以减少运营成本。但在实际操作过程中，可能出现商品库存数量分配不合理的情况，如南方仓的A商品已经售罄，北方仓的A商品还积压很多，这时为了让A商品尽快卖出，需要将其从北方仓调拨到南方仓。仓库间调拨会涉及发起调拨申请、调拨出库和调拨入库等环节。例如将100件A商品从北方仓调拨到南方仓，当发起调拨申请时，库存系统会先在北方仓锁定100件A商品的数量，如果不进行锁定，那么北方仓的A商品如果突然大量售出，库存不足100件，就没有办法调给南方仓。当A商品从北方仓出库时，库存系统就需要将北方仓的实际库存数量和锁定数量都减去100；当A商品调拨入南方仓时，南方仓的实际库存数量和可销售数量都变成了100，如图8-6所示。

发起调拨前

仓库名	仓库系统库存数量	锁定数量	库存系统库存数量
北方仓	1000	0	1000

发起调拨后

仓库名	仓库系统库存数量	锁定数量	库存系统库存数量
北方仓	1000	100	900

调拨出库后

仓库名	仓库系统库存数量	锁定数量	库存系统库存数量
北方仓	900	0	900

调拨入库前

仓库名	仓库系统库存数量	锁定数量	库存系统库存数量
南方仓	0	0	0

调拨入库后

仓库名	仓库系统库存数量	锁定数量	库存系统库存数量
南方仓	100	0	100

图8-6｜仓库间调拨的整体流程

经验之谈

有时，仓库系统和库存系统的数量会不一致，这可分为两种情况：一种是仓库系统的数量大于库存系统的数量，网店可销售数量低于实际库存数量，商品积压；另一种是库存系统的数量大于仓库系统的数量，网店可销售数量高于实际库存数量，部分售出商品将不能发货，影响客户购物体验，最终会影响网店的销售业绩。

2. 拆解电子商务库存

电子商务库存的各个组成部分都有其不可替代的意义，下面对电子商务库存进行拆解，看看各组成部分的具体作用。

（1）可销售库存。可销售库存是客户在网店中看到的库存数据。当某商品SKU的可销售库存大于0时，前端显示"有货"或库存明细数据，客户就可以执行加入购物车或立即购买操作；当商品SKU的可销售库存等于0时，前端显示"无货"或提示"商品已下架"等信息，客户只能进行"到货提醒"的功能设置。

 经验之谈

> 有些商家会在库存管理中设置风险库存预警值X，当商品SKU的可销售库存大于X时，前端显示库存充足；当商品SKU的可销售库存小于或等于X但大于0时，前端提示库存紧张，提醒商家及时备货。

（2）订单占用库存。由于商品下单支付和发货并不是同步进行的，为防止超额售卖，就需要设立订单占用库存。对于已下单支付的客户，保证其商品能正常出库发货；对于尚未下单支付的客户，保证其下单后有可售的库存。订单占用库存和可销售库存是反向关系，即可销售库存减少后，订单占用库存增加。需要注意的是，可销售库存减少就会涉及锁库存行为，如下单后锁库存、支付后锁库存等，这些行为会减少可销售库存。

（3）不可销售库存。当商品出现破损等不符合销售标准的情况时，就需要归入不可销售库存，以免出现"以次充好""以坏充好"等情况。

视野拓展

> 2022年4月，某小区居民反映团购的肉品存在质量问题，警方引起高度重视，迅速会同市场监督管理部门开展调查，并于4月20日凌晨将该批肉品销售方负责人童某抓获。后经查明，犯罪嫌疑人童某明知其采购的肉品存在变质、变味等质量问题，仍以次充好对外销售，涉案金额达32万余元，童某最终被警方以涉嫌销售伪劣产品罪依法采取刑事强制措施。商家一定要严格管理库存，不能通过网络平台销售已经过期的商品。

（4）锁定库存。锁定库存可以避免在销售高峰期出现断货的情况，当网店的可销售库存为0时，就可以将锁定库存释放转换为可销售库存，保证有足够的商品继续销售。锁定库存不是一个常设系统，需要使用时临时搭建即可。

（5）虚库存。虚库存指仓库中没有实物库存，实物库存来自供应商。当市场上某种商品的需求量极大且仓库中该商品数量较少时，如果商家与供应商的沟通渠道畅通，供应商可以迅速将该商品输送到仓库中转换为库存，商家就可以设置虚库存。又或者当某种商品的需求量极少，商家不需要提前在仓库储存该商品时，就可事先拿到商品订单，凭借订单来寻找供应商，这种情况也可设置虚库存。此时，可销售库存 ＝ 总库存 − 订单占用库存 − 不可销售库存 − 锁定库存 ＋ 虚库存。

（6）调拨占用库存。假设北方仓需要将10件A商品调拨到南方仓，此时北方仓就需要将10件A商品锁定为不可销售，则北方仓的可销售库存 ＝ 总库存 − 订单占用库存 − 不可销售库存－锁定库存＋虚库存－调拨占用库存。

（7）调拨中库存。调拨中库存指发起调拨后已经打包出库的商品，此时库存既不在北方仓，也不在南方仓。此时，北方仓的总库存 = 可销售库存 + 订单占用库存 + 不可销售库存 + 锁定库存－虚库存－调拨占用库存，南方仓的总库存 = 可销售库存 + 订单占用库存 + 不可销售库存 + 锁定库存－虚库存＋调拨占用库存。

📝 **经验之谈**

> 调拨入库后，北方仓调拨占用库存这个数据取消并从总库存中减除，南方仓调拨占用库存这个数据取消并增加到总库存。反映在可销售库存这个数据上，北方仓的可销售库存确认减少，南方仓的可销售库存确认增加。

任务二 分析电子商务库存数据

👤 任务概述

要全面控制库存情况，就需要了解库存的相关数据，并对其进行分析。本任务将从库存体系、量化、指标和预测等方面，对网店库存数据进行全方位分析。

👤 相关知识

1. "总量—结构—SKU"库存体系

网店可以利用"总量—结构—SKU"库存体系，从宏观到微观来逐步分解库存的构成。这里重点解释SKU的概念。

SKU即库存进出计量的基本单元，可以件、盒等为单位。SKU是大型连锁超市配送中心物流管理中的一个重要概念，现在已经被引申为商品统一编号的简称，每种商品均对应唯一的SKU号。对同一种商品而言，当其品牌、型号、配置、等级、颜色、包装容量、单位、生产日期、保质期、用途、价格、产地等属性中任一属性与其他商品存在不同时，这一属性所对应的商品都对应一个SKU号，称为一个单品。对于网店而言，如果一款拖鞋有蓝色、红色和黑色3种颜色，那么该拖鞋就有3个SKU；如果还有3种不同的尺码，那么结合颜色属性，该拖鞋就可能有9个SKU，即9个单品。

2. 安全库存数量、库存天数、库存周转率

简单的库存结构数据可以帮助商家了解库存的基本情况，但并不能用于判断库存是否能够满足销售需要，也无法判断库存是否安全。因此，实际工作中还需要借助库存天数和库存周转率来量化库存，以确认库存数据是否足够、合理或安全。

- **安全库存数量** ｜ 安全库存数量是库存数量过高或过低的一个参考标准。服装、电器等行业习惯使用绝对数量或金额作为安全库存标准，其优点在于直观明了，能够直

接与现有库存对比来发现差异；缺点是由于没有和销售数据挂钩，在目前商品销售具有节奏性、季节性的前提下，显得不够精准和灵活。例如，以2 000套作为安全库存标准，在淡季该标准可能就显得过高，在旺季可能又显得过低。因此，许多网店会按照季节性或行业淡旺季的情况，更有弹性地设置安全库存数量。

- **库存天数** | 库存天数（Day of Stock，DOS）可以有效衡量库存滚动变化的情况，是衡量库存在可持续销售期的追踪指标。库存天数的优势在于既考虑了销售变动对库存的影响，又可以将"总量—结构—SKU"体系的安全库存标准统一化管理。其计算公式：库存天数＝期末库存数量/（某销售期的销售数量/该销售期天数）。

- **库存周转率** | 库存周转率可以从财务的角度监控库存安全，这个指标一般以月、季度、半年或年为周期。其计算公式：库存周转率＝销售数量/[（期初库存数量+期末库存数量）/2]。

3. 动销率、广度、宽度、深度

分析库存时，常涉及动销率、广度、宽度、深度等指标，其含义分别如下。

- **动销率** | 动销率指在一定时间段内销售的商品数与总库存商品数之比。网店的动销率越高，权重越高，不仅会使商品获得更多系统展现机会，而且还能提高网店报名参加官方活动的通过概率。商品的动销率越高，搜索排名权重越高，获取更多流量的概率也就越大。

- **广度、宽度、深度** | 广度指涉及的商品类目，宽度指商品各类目下的种类，深度指商品的SKU数量。通过对这3个指标进行分析并将其与计划值对比，就能找到库存结构哪里出现了问题。一般情况下，这3个指标合理，库存结构就比较合理。

4. 滚动预测

滚动预测可以根据形势的变化不断调整需求，它一般分为周预测或月预测。图8-7所示为某网店的4周滚动需求预测表，每周都对未来4周的每个SKU做一次预测，根据业务状况不断修正，找到相对准确的预测值。例如图8-7中的SKU5，在9月2日进行预测，可知SKU5在9月10日—16日这一周的需求为13 940个，但若在9月9日进行预测，该SKU在9月10日—16日这一周的需求将调整为11 530个。又如图8-7中的SKU3，在9月2日预测第38周的需求为9 860个，但由于临时决定在该周进行促销活动，所以在9月9日预测时，将SKU3在第38周的需求上调为11 080个。

2018/9/2 预测	9/3-9/9 35周	9/10-9/16 36周	9/17-9/23 37周	9/24-9/30 38周
SKU1	13,600	16,320	10,710	11,050
SKU2	11,730	13,430	10,030	9,010
SKU3	13,940	14,110	12,750	9,860
SKU4	12,920	14,280	15,810	15,810
SKU5	16,830	13,940	10,880	13,260
SKU6	13,430	9,860	14,790	16,150
SKU7	8,670	16,150	8,500	14,110
SKU8	12,240	15,980	12,750	10,370
SKU9	11,050	9,860	11,900	16,320
SKU10	13,600	15,130	16,830	15,810
合计	128,010	139,060	124,950	131,750

2018/9/9 预测	9/10-9/16 36周	9/17-9/23 37周	9/24-9/30 38周	10/1-10/7 39周
SKU1	16,320	10,710	11,050	12,410
SKU2	13,430	10,030	9,010	15,810
SKU3	14,110	12,750	11,080	8,840
SKU4	14,280	15,810	15,810	12,750
SKU5	11,530	12,480	13,260	16,150
SKU6	9,860	14,790	16,150	13,600
SKU7	16,150	8,500	14,110	16,660
SKU8	15,980	12,750	10,370	11,050
SKU9	9,860	11,900	16,320	15,640
SKU10	15,130	16,830	15,810	15,470
合计	136,650	126,550	132,970	138,380

2018/9/16 预测	9/17-9/23 37周	9/24-9/30 38周	10/1-10/7 39周	10/8-10/14 40周
SKU1	10,710	11,050	12,410	11,390
SKU2	10,030	9,010	15,810	12,410
SKU3	12,750	9,860	8,840	12,750
SKU4	15,810	15,810	12,750	10,710
SKU5	10,880	13,260	14,290	12,920
SKU6	14,790	16,150	13,600	16,490
SKU7	8,500	14,110	16,660	15,130
SKU8	12,750	10,370	11,050	14,790
SKU9	11,900	16,320	15,640	8,670
SKU10	16,830	15,810	15,470	10,030
合计	124,950	131,750	136,520	125,290

图8-7 | 4周滚动需求预测表

任务实施

1. 结构化库存数据

使用"总量—结构—SKU"库存体系可以从结构组成上把握库存数据，下面以某箱包皮具网店的库存商品为例，介绍结构化库存数据的确定方法。

（1）确定总库存、有效库存和无效库存。盘点总库存，然后将总库存按是否有作用分为有效库存和无效库存。

（2）按销售情况确定无效库存的结构。无效库存又可以根据实际情况分为两类：一类是滞销商品、过季商品等对当前销售没有太大影响的库存，这类库存也被称为假库存；另一类是因残损、过期、下架等无法继续销售的库存，被称为死库存。

（3）按地点确定无效库存的结构。无效库存也可以根据存放位置分为仓库存放库存、卖场陈列库存等。

（4）按品类确定有效库存的结构。有效库存即可以出售的商品库存，有效库存可以根据不同的标准划分为不同的结构，无论如何划分，其目的都是帮助商家更好地了解库存数据。例如将有效库存按商品类目结构划分为旅行袋、钱包和旅行箱。

（5）按日期确定有效库存的结构。有效库存也可以按商品货期（即生产日期）不同划分为2020年的库存、2021年的库存、2022年的库存。

（6）按价位确定有效库存的结构。商家还可以按SKU价位的不同将有效库存划分为高价位SKU的库存、主价位SKU的库存、低价位SKU的库存，或按商品重要性的不同将有效库存划分为A类商品库存、B类商品库存、C类商品库存，或按商品畅滞销情况将有效库存划分为滞销款库存、平销款库存、畅销款库存等，如图8-8所示。

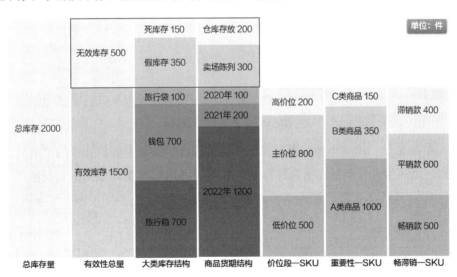

图8-8│网店库存结构

2. 通过库存天数管理库存数据

分析每件单品的库存天数，可以有效管理网店的库存商品。下面将通过在生意参谋中采

集各单品的销售数据和库存数据，来计算并管理库存，其具体操作如下。

（1）建立模板。在Excel中输入各单品名称，并建立"近7日支付件数""销售期/日""库存数量/件""标准天数""库存天数""预警"等项目，其中销售期统一为7日，标准天数为60日，如图8-9所示（配套资源：素材\项目八\任务二\库存天数.xlsx）。

单品（SKU）	近7日支付件数	销售期/日	库存数量/件	标准天数	库存天数	预警
2022新款夏季全棉短袖衬衫男青年布男士翻领半袖衬衣纯色休闲衬衫 S 黑色		7		60		
2022新款夏季全棉短袖衬衫男青年布男士翻领半袖衬衣纯色休闲衬衫 S 蓝色		7		60		
2022新款夏季全棉短袖衬衫男青年布男士翻领半袖衬衣纯色休闲衬衫 S 绿色		7		60		
2022新款夏季全棉短袖衬衫男青年布男士翻领半袖衬衣纯色休闲衬衫 S 黄色		7		60		
2022新款夏季全棉短袖衬衫男青年布男士翻领半袖衬衣纯色休闲衬衫 S 红色		7		60		
2022新款夏季全棉短袖衬衫男青年布男士翻领半袖衬衣纯色休闲衬衫 S 白色		7		60		
2022新款夏季全棉短袖衬衫男青年布男士翻领半袖衬衣纯色休闲衬衫 M 黑色		7		60		
2022新款夏季全棉短袖衬衫男青年布男士翻领半袖衬衣纯色休闲衬衫 M 蓝色		7		60		
2022新款夏季全棉短袖衬衫男青年布男士翻领半袖衬衣纯色休闲衬衫 M 绿色		7		60		
2022新款夏季全棉短袖衬衫男青年布男士翻领半袖衬衣纯色休闲衬衫 M 黄色		7		60		
2022新款夏季全棉短袖衬衫男青年布男士翻领半袖衬衣纯色休闲衬衫 M 红色		7		60		
2022新款夏季全棉短袖衬衫男青年布男士翻领半袖衬衣纯色休闲衬衫 M 白色		7		60		
2022新款夏季全棉短袖衬衫男青年布男士翻领半袖衬衣纯色休闲衬衫 L 黑色		7		60		
2022新款夏季全棉短袖衬衫男青年布男士翻领半袖衬衣纯色休闲衬衫 L 蓝色		7		60		
2022新款夏季全棉短袖衬衫男青年布男士翻领半袖衬衣纯色休闲衬衫 L 绿色		7		60		
2022新款夏季全棉短袖衬衫男青年布男士翻领半袖衬衣纯色休闲衬衫 L 黄色		7		60		
2022新款夏季全棉短袖衬衫男青年布男士翻领半袖衬衣纯色休闲衬衫 L 红色		7		60		
2022新款夏季全棉短袖衬衫男青年布男士翻领半袖衬衣纯色休闲衬衫 L 白色		7		60		

图8-9 | 建立模板

（2）建立计算公式。在"库存天数"项目下使用计算公式，即"库存天数=库存数量/（近7日支付件数/销售期）"，如图8-10所示。

		F2		=D2/(B2/C2)			
单品（SKU）	近7日支付件数	销售期/日	库存数量/件	标准天数	库存天数	预警
2022新款夏季全棉短袖衬衫男青年布男士翻领半袖衬衣纯色休闲衬衫 S 黑色		7		60	#DIV/0!	
2022新款夏季全棉短袖衬衫男青年布男士翻领半袖衬衣纯色休闲衬衫 S 蓝色		7		60	#DIV/0!	
2022新款夏季全棉短袖衬衫男青年布男士翻领半袖衬衣纯色休闲衬衫 S 绿色		7		60	#DIV/0!	
2022新款夏季全棉短袖衬衫男青年布男士翻领半袖衬衣纯色休闲衬衫 S 黄色		7		60	#DIV/0!	
2022新款夏季全棉短袖衬衫男青年布男士翻领半袖衬衣纯色休闲衬衫 S 红色		7		60	#DIV/0!	
2022新款夏季全棉短袖衬衫男青年布男士翻领半袖衬衣纯色休闲衬衫 S 白色		7		60	#DIV/0!	
2022新款夏季全棉短袖衬衫男青年布男士翻领半袖衬衣纯色休闲衬衫 M 黑色		7		60	#DIV/0!	
2022新款夏季全棉短袖衬衫男青年布男士翻领半袖衬衣纯色休闲衬衫 M 蓝色		7		60	#DIV/0!	
2022新款夏季全棉短袖衬衫男青年布男士翻领半袖衬衣纯色休闲衬衫 M 绿色		7		60	#DIV/0!	
2022新款夏季全棉短袖衬衫男青年布男士翻领半袖衬衣纯色休闲衬衫 M 黄色		7		60	#DIV/0!	
2022新款夏季全棉短袖衬衫男青年布男士翻领半袖衬衣纯色休闲衬衫 M 红色		7		60	#DIV/0!	
2022新款夏季全棉短袖衬衫男青年布男士翻领半袖衬衣纯色休闲衬衫 M 白色		7		60	#DIV/0!	
2022新夏季全棉短袖衬衫男青年布男士翻领半袖衬衣纯色休闲衬衫 L 黑色		7		60	#DIV/0!	

图8-10 | 建立计算公式

（3）采集数据。访问生意参谋"品类"功能板块，选择左侧列表中的"商品360"选项，在页面右侧采集每个单品在指定时间段的支付件数和库存件数，如图8-11所示。

图8-11 | 采集数据

（4）计算库存天数。将采集到的每个单品的数据整理到Excel模板中，自动计算出各单品对应的库存天数，如图8-12所示。

图8-12 | 计算库存天数

（5）设置预警。将得到的库存天数与对应的标准天数进行对比，差额在−7~7的范围时，提示"正常"；如果在−15（不含）~−7（不含）的范围，提示"有待补货"；如果在−15及以下，提示"急待补货"；如果在7（不含）~15（不含）的范围，提示"加速销售"；如果在15及以上，提示"急待销售"。通过这种预警设置，商家就可以知道各单品的库存天数与标准天数的差异，并能采取对应的措施。在Excel中只需使用IF函数就能完成预警设置，具体公式为"=IF(F2−E2<=−15,"急待补货",IF(F2−E2<−7,"有待补货",IF(F2−E2<=7,"正常",IF(F2−E2<15,"加速销售","急待销售"))))"，如图8-13所示（配套资源：效果\项目八\任务二\库存天数.xlsx）。

图8-13 | 设置库存预警提示

 项目实训

本项目对电子商务库存的内容做了详细介绍，包括库存系统、仓库系统的区别和配合工作的流程，以及电子商务库存数据的各种分析方法。本实训将进一步巩固分析库存数据的方法。

1. 通过组合图对比分析库存天数

本实训将巩固单品库存天数的计算方法，以及使用组合图对比分析库存天数与标准天数的操作。

【实训目标】

（1）掌握计算库存天数的方法。

微课视频

通过组合图对比
分析库存天数

（2）掌握在Excel中创建组合图的方法。

【实训要求】

本实训首先需要采集并整理各单品的销售数据和库存数据，然后利用库存天数的计算公式计算出各单品在该销售期的库存天数，最后通过创建组合图对比分析各单品的库存天数与标准天数。

【实训步骤】

（1）在生意参谋中采集单品对应的近7日销售数据和库存数据，并将其整理到Excel中（配套资源：素材\项目八\项目实训\库存天数.xlsx）。

（2）根据相关数据计算各单品的库存天数。

（3）以单品名称、标准天数和库存天数为数据源，创建组合图，标准天数数据系列为柱形图，库存天数数据系列为次坐标轴的折线图，如图8-14所示（配套资源：效果\项目八\项目实训\库存天数.xlsx）。

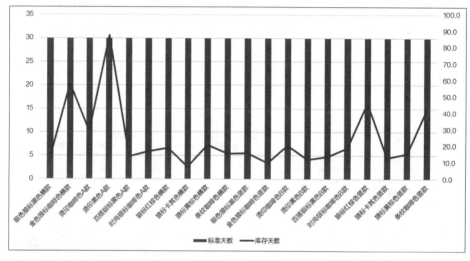

图8-14｜使用组合图对比分析库存天数与标准天数

2. 利用散点图分析库存周转率

库存周转率也是库存数据分析的重要指标，下面将在Excel中计算并分析各单品的库存周转率。

微课视频

利用散点图
分析库存周转率

【实训目标】

（1）掌握计算库存周转率的方法。

（2）掌握在Excel中利用散点图分析库存周转率的方法。

【实训要求】

本实训将利用散点图分析库存周转率，需要根据公式计算各单品的库存天数和库存周转率，然后以库存天数为横坐标轴、库存周转率为纵坐标轴建立散点图，并参考标准库存天数和标准库存周转次数来分析各单品的库存周转率。其中，位于左上角象限内商品的库存天数少、库存周转率高，容易出现断货风险，应及时补货；位于右下角象限内商品的库存天数多、库存周转率低，容易出现死库存，应特别重视。

【实训步骤】

（1）采集相关数据并将其整理到Excel中（配套资源：素材\项目八\项目实训\库存周转率.xlsx）。

（2）利用公式分别计算库存天数和库存周转率。

（3）利用库存天数和库存周转率建立散点图。

（4）根据标准库存天数和标准库存周转次数调整横坐标轴和纵坐标轴的交叉位置，效果如图8-15所示（配套资源：效果\项目八\项目实训\库存周转率.xlsx）。

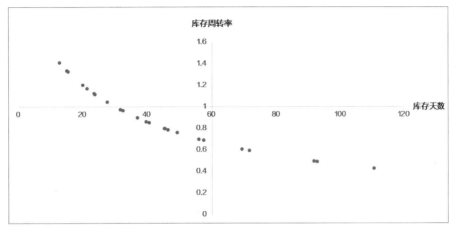

图8-15｜使用散点图分析库存周转率

 思考与练习

（1）图8-16所示为利用广度、宽度、深度分析的库存数据。有底纹的数据表示实际与计划差异较大，负数表示实际过多，正数表示实际过少。请思考通过这种方式来监控库存数据有什么好处。

三度分析	项目	体育用品	照材类	钟表类	书写用具	科教、学生用品	纸张、纸制品	玩具类	音像制品	通信器材	计算机附属体	合计
广度	计划	有	有	有	有	有	有	有	有	有	有	10
	实际	有	有	有	有	有	有	有	有	有	有	10
	差异	无	无	无	无	无	无	无	无	无	无	0
宽度	计划（种）	130	68	54	119	68	158	86	68	27	104	882
	实际（种）	140	68	67	100	68	144	88	70	27	110	882
	差异	−10	0	−13	19	0	14	−2	−2	0	−6	0
深度	计划（个/SKU）	84.0	48.0	120.0	120.0	60.0	180.0	120.0	180.0	120.0	84.0	1116
	实际（个/SKU）	80.2	40.3	133.8	138.2	55.0	144.0	90.0	201.2	118.8	83.0	1085
	差异	3.80	7.70	−13.80	−18.20	5.00	36.00	30.00	−21.20	1.20	1.00	31.5

图8-16｜库存结构三度分析图

（2）请尝试采集某个商品的所有SKU单品近7天的销售数据和库存数据，计算其库存天数，并通过图表与标准库存天数（如30天）进行对比。

以客户为中心
——分析会员数据

学习目标

◆ 了解会员数据分析的作用和数据的获取途径。

◆ 掌握会员数据的基本分析方法。

◆ 熟悉RFM模型分析方法。

素养目标

◆ 能够灵活运用会员数据的基本分析方法了解并管理会员。

◆ 能够通过分析得到的会员数据来制定有效的会员管理策略。

引导案例

回头客不仅是网店利润的长期贡献者，也是网店口碑的有效传播者，对网店的重要性不言自明。培养回头客比找新客户更直接、有效，毕竟开发新客户的成本远高于留住老客户的成本。

以餐厅为例，要怎样才能留住客户使其成为回头客呢？客户对餐饮行业的评价主要受3部分影响，即商品、环境和服务。首先要重视的是商品，如果菜品味道留不住客户，就别谈回头客了；其次是环境，一个好的用餐环境能够提升客户对餐厅的好感度；最后是服务，味道好的菜品和用餐环境好的餐厅到处都是，而要想留住回头客，最终还要依靠服务。

某餐厅利用会员系统，对老客户做足了各种营销工作，如节假日的问候、就餐券的发放、新品的通知等，通过短信、微信等营销工具告知客户不同级别会员享受的优惠、活动截止日期，主动为客户提供各种服务。

以前餐厅和客户基本上是一次性交易的关系，客户上门，餐厅就接待，客户消费结束双方就失去联系。现在，会员管理系统的运用率越来越高，营销渠道和工具越来越多，客户和餐厅之间的联系也日益密切。该餐厅没有采取"守株待兔"的策略，等着客户上门消费，而是善用各种营销工具来引流，对收集的会员资料进行分析处理，有针对性地提供各种会员服务，使生意越来越红火。

任务一 统计与挖掘会员数据

任务概述

在大数据时代，网店会员数据虽然容易获取，但如果对会员数据的作用理解得不够透彻，就可能影响网店的会员营销环节，从而浪费会员这种重要的资源。本任务将带大家学会统计与挖掘会员数据，以及利用会员资源来提高网店销量。

相关知识

1. 分析会员数据的作用

会员数据越来越受到商家的重视，这是因为通过对会员数据进行分析，可以更好地实行精准推广，从而提高网店交易金额。

- **精准推广**｜商家通过分析会员数据，可以更好地掌握不同会员的购物喜好，这样在推广商品时就能更加精准，不仅可以减少推广成本，还能提高推广效率。
- **提高网店交易金额**｜影响网店交易金额的指标中，流量、转化率、客单价都与会员数据紧密相关。通过维护会员关系，将新客户转化成会员，使其认可商品，商家就能提高网店流量的质量，提高转化率和客单价。

2. 会员数据的获取途径

客户在网店购买商品后，就会留下相应的数据，如昵称、姓名、地址等，商家可以通过专门的途径获取。

- **淘宝客户运营平台** | 此平台针对的是在淘宝网中开网店的商家，如图9-1所示。商家在其中可以查看客户的各种信息，也可以采集所需的客户数据进行分析。

图9-1 | 淘宝客户运营平台

 经验之谈

进入淘宝客户运营平台的方法如下：下载并安装千牛软件，启动千牛软件并登录，然后搜索"客户运营"，在搜索结果中选择"客户运营"选项，添加该应用；之后在千牛软件页面左侧底部"我的应用"列表中选择"客户运营"应用选项即可进入。

- **CRM软件** | CRM软件实际上就是客户关系管理软件。与淘宝客户运营平台相比，这类软件的功能更加完善和强大，但需要付费订购才能使用。目前市场上的CRM软件有很多，各自侧重的功能也不一样，图9-2所示就是其中的一款。

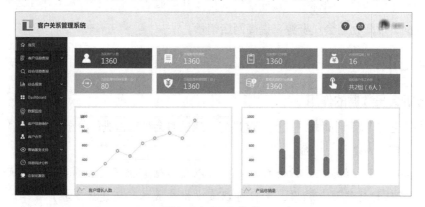

图9-2 | CRM软件

3. 会员数据的基本分析方法

商家获取会员数据后，可以充分利用这些数据对会员的情况进行分析。例如，统计会员的年龄、性别、地域等，就能分析会员的属性分布情况；对比会员数量的增减情况，就能分析会员的增长流失情况；统计会员的购物数据，分析会员的生命周期，就能挖掘每一位会员的价值潜力等。

任务实施

1. 统计会员分布情况

微课视频

统计会员
分布情况

会员分布情况主要是指会员级别构成、性别比例、年龄层次、地域分布等，这些因素构成了会员人群画像。下面便利用Excel统计会员分布情况，其具体操作如下。

（1）整理数据。将采集到的会员数据整理到Excel中，创建"会员数据"工作表，如图9-3所示（配套资源：素材\项目九\任务一\会员分布情况.xlsx）。

	会员名称	会员级别	性别	年龄	地区/城市	交易总额/元	交易笔数/笔	平均交易金额/元	上次交易时间
2	t3265周	一级会员	女	22	合肥	8010.9	4	2002.73	2021/12/19
3	8822	普通会员	女	30	武汉	2670.3	7	381.47	2021/12/17
4	毛毛小代购	普通会员	女	38	广州	8238.6	9	915.40	2022/1/17
5	chengang25	普通会员	女	25	北京	5340.6	7	762.94	2021/12/10
6	coegywe55	普通会员	男	28	上海	6189.3	3	2063.10	2022/1/30
7	cynthiasoji	普通会员	女	27	苏州	8238.6	5	1647.72	2022/2/1
8	daoctienting	二级会员	女	27	青岛	8010.9	7	1144.41	2021/12/17
9	dq1229	普通会员	女	41	合肥	6189.3	5	1237.86	2022/1/31
10	emma001	普通会员	女	25	成都	2670.3	7	381.47	2021/12/16
11	flywings_2009	普通会员	女	30	贵阳	8010.9	3	2670.30	2021/12/11
12	hering1239	普通会员	女	38	深圳	8238.6	7	1176.94	2021/12/17
13	huakai1769	普通会员	女	41	杭州	8077.14	3	2692.38	2022/1/25
14	jia5808327	普通会员	女	28	杭州	4119.3	7	588.47	2022/1/17
15	jinyinhook11	二级会员	男	30	北京	2049.3	4	512.33	2021/12/17
16	kawen70633	一级会员	女	45	上海	8238.6	9	915.40	2022/1/23
17	kmma88	普通会员	女	25	深圳	8010.9	7	1144.41	2021/12/17
18	lilili	普通会员	女	41	苏州	2670.3	3	890.10	2021/12/16
19	iqunlpg z	普通会员	女	27	广州	8157.87	6	1359.65	2022/2/3
20	na小兔乖乖	二级会员	女	28	上海	2670.3	7	381.47	2021/12/17
21	粉	一级会员	女	25	上海	2670.3	7	381.47	2021/12/7

图9-3 | 整理会员数据

（2）创建数据透视表。以"会员数据"工作表中的所有数据为数据源在新工作表中创建数据透视表，双击新工作表标签，将名称设置为"会员级别分布"，然后将"会员级别"字段拖曳到"行"区域，将"会员名称"字段拖曳到"值"区域，如图9-4所示。

图9-4 | 创建并设置数据透视表

（3）创建数据透视图。在数据透视表的基础上创建数据透视图，选择类型为柱形图，调整图表大小，修改图表标题，添加数据标签，删除图例，为图表应用"样式8"效果，如图9-5所示。由图9-5可知，该网店会员以普通会员居多，商家还需要加大力度将普通会员转化成一级会员和二级会员，进一步提高网店的流量质量和转化率。

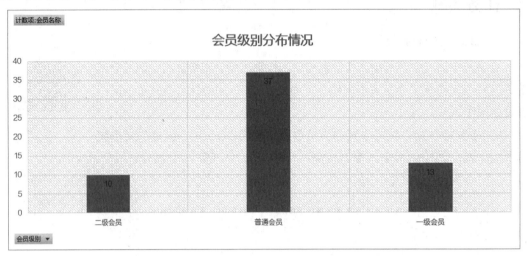

图9-5 | 分析会员级别分布情况

（4）查看会员性别分布。按相同方法利用"会员数据"工作表中的数据在新工作表中创建数据透视表，更改新工作表名称为"会员性别分布"。然后在数据透视表的基础上创建数据透视图，选择类型为饼图，适当修改饼图效果，如图9-6所示。由图9-6可知，该网店的会员以女性居多，说明商品更受女性客户的青睐。

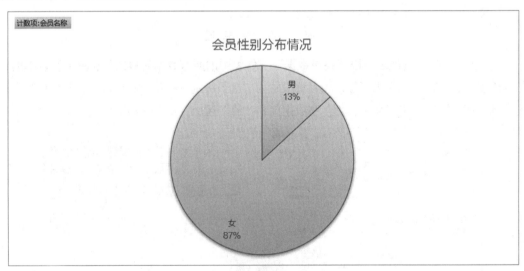

图9-6 | 分析会员性别分布情况

（5）统计年龄分布。创建"会员年龄分布"工作表，划分年龄层次，利用COUNTIF函数统计对应层次的会员数量，其中函数中的参数可通过切换到"会员数据"工作表中选择单元格区域来引用，如图9-7所示。

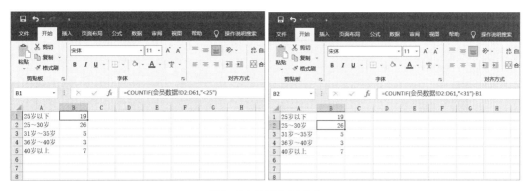

图9-7｜统计年龄分布

 经验之谈

> COUNTIF函数中的第一个参数为统计的单元格区域，第二个参数为条件。如统计25岁以下的会员数量，只需将条件设置为"<25"，并指定单元格区域，就能统计该区域中符合条件的单元格数量。

（6）查看会员年龄分布。以上一步中的统计数据为数据源创建条形图，适当调整和美化图表，其中需要双击纵坐标轴，在打开的任务窗格中单击选中"逆序类别"复选框，效果如图9-8所示。由图9-8可知，该网店的会员以30岁及以下的居多，特别是25～30岁这个年龄段的会员数量最多。

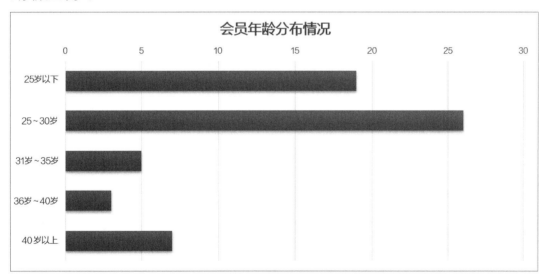

图9-8｜分析会员年龄分布情况

（7）查看会员地域分布。利用"会员数据"工作表中的数据在新工作表中创建数据透视表，更改新工作表名称为"会员地域分布"。然后在数据透视表的基础上创建数据透视图，选择类型为柱形图，适当修改柱形图效果，并将数据系列按降序方式排列，如图9-9所示（配套资源：效果\项目九\任务一\会员分布情况.xlsx）。由图9-9可知，北京和上海的会员数量最多，其次是杭州、广州、深圳。

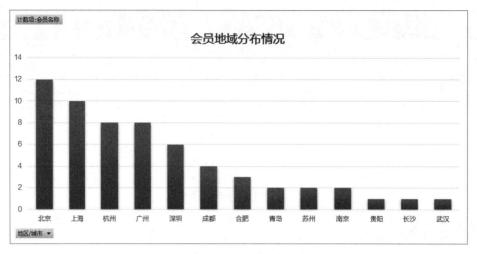

图9-9 | 分析会员地域分布情况

 经验之谈

在数据系列上单击鼠标右键，在弹出的快捷菜单中选择【排序】/【降序】命令，可设置数据系列的排列方式。

2. 统计会员增长流失情况

微课视频

统计会员增长流失情况

一般情况下，网店在经营过程中都会面临会员流失、会员增长的情况，如果商家可以将会员按地域或年龄来划分（也可按其他属性划分），就可以分析不同范围内会员的增长流失情况，以便更有针对性地做出营销策划。下面以地域属性划分会员，统计其增长流失情况，其具体操作如下。

（1）计算数据。将上月会员数、本月新进会员数和本月流失会员数按不同地域采集并整理到Excel中（配套资源：素材\项目九\任务一\会员增长流失.xlsx），按"会员增长率=本月新进会员数/上月会员数""会员流失率=本月流失会员数/上月会员数"的公式计算出本月各地域会员的增长率和流失率，如图9-10所示。

会员所在城市	2月会员数	3月新进会员数	3月流失会员数	会员增长率	会员流失率
北京	1411	152	180	10.77%	12.76%
上海	969	59	161	6.09%	16.62%
广州	1241	265	251	21.35%	20.23%
深圳	1139	64	96	5.62%	8.43%
天津	1581	165	265	10.44%	16.76%
成都	850	61	80	7.18%	9.41%
杭州	1564	92	98	5.88%	6.27%
苏州	986	89	172	9.03%	17.44%
重庆	901	284	91	31.52%	10.10%
武汉	1428	87	272	6.09%	19.05%
南京	918	82	89	8.93%	9.69%
大连	918	294	159	32.03%	17.32%
沈阳	1632	85	65	5.21%	3.98%
长沙	1462	181	196	12.38%	13.41%
郑州	1020	299	54	29.31%	5.29%
西安	1139	98	194	8.60%	17.03%
青岛	1632	169	90	10.36%	5.51%
无锡	1394	77	60	5.52%	4.30%

图9-10 | 计算会员增长率和流失率

（2）分析数据。以会员地域、会员增长率和会员流失率为数据源，创建柱形图并适当美化，如图9-11所示（配套资源：效果\项目九\任务一\会员增长流失.xlsx）。由图9-11可知，重庆、大连和郑州3座城市的会员增长率高、流失率低；上海、天津、苏州、武汉、西安、济南、宁波等城市的会员增长率低、流失率高，说明这几座城市的会员数量在大量减少，商家应重点针对这几座城市的人群特征，采取相应措施进行推广，改善会员流失率过高的情况。

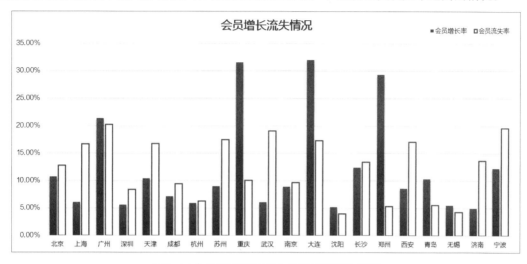

图9-11 | 分析不同地域会员的增长流失情况

3. 分析会员生命周期

会员生命周期指的是客户成为会员后，在不同时期表现出来的不同特征。分析会员的生命周期，商家就能针对这些特征采取更合适的营销策略。一般来说，会员按生命周期分为新会员、活跃会员、睡眠会员、流失会员等，下面在Excel中主要分析某网店活跃会员、睡眠会员和流失会员的情况，其具体操作如下。

微课视频

分析会员
生命周期

（1）计算数据。打开"会员生命周期.xlsx"素材文件（配套资源：素材\项目九\任务一\会员生命周期.xlsx），利用TODAY函数和上次交易时间计算会员的交易间隔时间，如图9-12所示。

	A 会员名称	B 会员级别	C 性别	D 年龄	E 地区/城市	F 交易总额/元	G 交易笔数/笔	H 平均交易金额/元	I 上次交易时间	J 交易间隔/天	K
2	65周	一级会员	女	22	合肥	8010.9	4	2002.73	2021/12/19	126	
3	22	普通会员	女	30	武汉	2670.3	7	381.47	2021/12/17	128	
4	毛毛小代购	普通会员	女	38	广州	8238.6	9	915.40	2020/2/11	803	
5	25	普通会员	女	25	北京	5340.6	7	762.94	2021/12/10	135	
6	55	普通会员	男	28	上海	6189.3	3	2063.10	2022/1/30	84	
7		普通会员	女	27	苏州	8238.6	5	1647.72	2022/2/1	82	
8		二级会员	女	27	青岛	8010.9	7	1144.41	2021/12/17	128	
9	721t类	普通会员	女	41	合肥	6189.3	5	1237.86	2022/1/31	83	
10	emma8908	普通会员	女	25	成都	2670.3	7	381.47	2021/12/16	129	
11	_2009	普通会员	女	30	贵阳	8010.9	3	2670.30	2020/12/11	499	
12	1239	普通会员	女	23	深圳	8238.6	7	1176.94	2021/12/14	131	
13	1769	普通会员	女	41	杭州	8077.14	3	2692.38	2022/1/25	89	
14	327	普通会员	女	28	杭州	4119.3	7	588.47	2022/2/9	74	
15	11	二级会员	男	30	北京	2049.3	4	512.33	2021/12/10	128	
16	70633	一级会员	女	45	上海	8238.6	9	915.40	2022/1/23	91	
17		普通会员	女	25	深圳	8010.9	7	1144.41	2021/12/17	128	
18		普通会员	女	41	苏州	2670.3	3	890.10	2020/12/16	494	

图9-12 | 计算交易间隔

经验之谈

新会员可以定义为在网店产生过至少一次交易行为，且已经激活成为网店会员的客户；活跃会员可以定义为成为网店会员且最近一段时期（如3个月）在网店有过交易行为的客户；睡眠会员可以定义为最后一次在网店产生交易行为的时间距离现在已经很久（如6个月）的会员；流失会员可以定义为最后一次在网店产生交易行为的时间距离现在至少1年的会员。

（2）统计数据。利用COUNTIF函数统计交易间隔在90天之内的活跃会员数量，182天之内的睡眠会员数量，以及365天以上的流失会员数量，如图9-13所示。

=COUNTIF(J2:J61,"<=90")										
C	D	E	F	G	H	I	J	K	L	M	N
性别	年龄	地区/城市	交易总额/元	交易笔数/笔	平均交易金额/元	上次交易时间	交易间隔/天				
女	22	合肥	8010.9	4	2002.73	2021/12/19	126		活跃会员	24	
女	30	武汉	2670.3	7	381.47	2021/12/17	128		睡眠会员	27	
女	38	广州	8238.6	9	915.40	2020/2/11	803		流失会员	9	
女	25	北京	5340.6	7	762.94	2021/12/10	135				
男	28	上海	6189.3	3	2063.10	2022/1/30	84				
女	27	苏州	8238.6	5	1647.72	2022/2/1	82				
女	27	青岛	8010.9	7	1144.41	2021/12/17	128				
女	41	合肥	6189.3	5	1237.86	2022/1/31	83				
女	25	成都	2670.3	7	381.47	2021/12/16	129				
女	30	贵阳	8010.9	3	2670.30	2020/12/11	499				
女	23	深圳	8238.6	7	1176.94	2021/12/14	131				
女	41	杭州	8077.14	3	2692.38	2022/1/25	89				
女	28	杭州	4119.3	7	588.47	2022/2/9	74				
男	30	北京	2049.3	4	512.33	2021/12/17	128				
女	45	上海	8238.6	9	915.40	2022/1/23	91				
女	25	深圳	8010.9	7	1144.41	2021/12/17	128				

图9-13｜统计各生命周期的会员数量

（3）分析数据。利用统计的数据建立三维饼图，并适当调整和美化，如图9-14所示（配套资源：效果\项目九\任务一\会员生命周期.xlsx）。由图9-14可知，活跃会员的占比为40%，网店可以给予他们更好的服务和资源倾斜，进一步提高其积极性；睡眠会员的占比为45%，网店可以针对睡眠会员实施运营策略，如通过邮件、电话、短信、微信等渠道推送最新优惠活动，以期唤醒这类会员；流失会员的占比为15%，网店除了执行唤醒策略外，还需要想办法采取更有吸引力的营销手段将其召回。

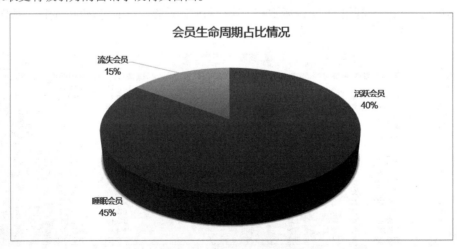

会员生命周期占比情况

流失会员 15%
活跃会员 40%
睡眠会员 45%

图9-14｜分析会员生命周期占比情况

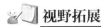**视野拓展**

商家与客户之间的关系也存在生命周期，即考察期、形成期、稳定期和退化期。在不同的阶段，商家应该采取不同的策略来管理客户，如考察期需要双方建立信任，退化期需要抓住有利时机，创造新的开始等。这正如人生一样，起起落落是正常的，跌入低谷不气馁，伫立高峰不张扬，无论高峰低谷，都应乐观而淡然。

4. 挖掘会员价值

每一位会员的忠诚度、购买力和价格接受度都是不同的，商家将这3个方面划分为6个指标，就可以挖掘每一位会员的潜力价值。其中，忠诚度可以用最近一次消费时间和消费频率来衡量，购买力可以用消费金额和最大单笔消费金额来衡量，价格接受度可以用特价商品消费占比和最高单价商品消费占比来衡量。

微课视频

挖掘会员价值

- **最近一次消费时间** | 根据会员最近一次消费时间与现在时间的间隔长短不同，将其转换为对应的指数，如最近15天有消费，对应指数为"5"，最近1个月有消费，对应指数为"4"等，以此类推。间隔时间越长，指数越低，最低为"1"。

- **消费频率** | 根据会员在指定时期重复购买的频率不同，将其转换为对应的指数，从高到低依次为5、4、3、2、1（以下指标类似）。

- **消费金额** | 根据会员在指定时期消费金额的不同，将其转换为对应的指数，消费金额越大，指数越高。

- **最大单笔消费金额** | 此指标体现的是会员的购买力，同样将其转换为对应的指数，最大单笔消费金额越大，指数越高。

- **特价商品消费占比** | 此指标可以从侧面反映会员对商品价格的在意程度。该占比越高，对应转换的指数越低，二者为负相关性。

- **最高单价商品消费占比** | 这是最大单笔消费金额的拓展指标，可以体现会员的价格接受度，具体值和价格接受度为正相关性，占比越高，对应转换的指数越高。

下面以3位会员的相关数据为例，挖掘他们的潜力价值，其具体操作如下。

（1）整理数据。将这3位会员对应指标的数据以指数形式整理到Excel中（配套资源：素材\项目九\任务一\会员价值.xlsx），如图9-15所示。指数的转换可根据实际情况划分层级，如消费金额在5 000元及以上的指数为"5"，在3 500（不含）~5 000元（不含）的指数为"4"，在2 500（不含）~3 500元的指数为"3"，在1 500（不含）~2 500元的指数为"2"，在1 500元及以下的指数为"1"，然后利用IF函数判断并返回结果。

（2）创建图表。以A1:G2单元格区域为数据源，创建第一位会员的指数雷达图，如图9-16所示。

（3）创建并分析图表。按相同方法创建其他两位会员的雷达图，并适当对图表进行美化，如图9-17所示（配套资源：效果\项目九\任务一\会员价值.xlsx）。由图9-17可知，第一位会员的忠诚度很高，但购买力不足，这类会员的持续消费是网店利润的来源和基础保证；第二位会员的购买力较强，价格接受度也较高，但忠诚度不足，网店可以向这类会员进行精准推荐，提高其复购率；第三位会员的忠诚度和购买力都比较差，网店可以向这类会员推荐一些价格低廉但彰显个性的商品。

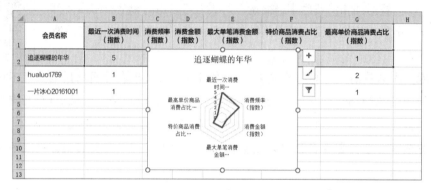

图9-15│整理并转换指数

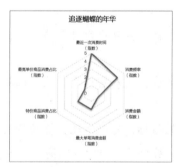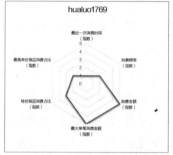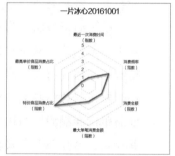

图9-16│创建雷达图

图9-17│创建并设置雷达图

任 务 二 使用RFM模型分析会员数据

任务概述

　　RFM模型是描述会员价值状况的一种工具，包含3个维度：最近一次消费距今的时长（Recency）、消费频率（Frequency）和消费金额（Monetary）。这3个维度正是前面介绍挖掘会员价值时用到的指标。本任务将带大家学习使用RFM模型来分析会员数据的方法，以掌握该模型的具体操作和应用。

相关知识

1. RFM模型的作用

RFM模型通过对最近一次消费距今的时长、消费频率和消费金额3个维度的分析来描述会员价值状况，是根据会员活跃程度和交易金额的贡献进行会员价值细分的一种方法。

RFM模型可以识别优质会员，可以用于制定个性化的沟通和营销服务策略，为更多的营销决策提供有力支持。另外，它还能衡量会员价值和会员创收能力。

2. RFM模型的应用

利用RFM模型分析会员数据时，需要采集会员名称、上次交易时间、交易笔数和交易总额等数据，利用这些数据构成RFM模型指定的几个维度。根据数据对会员在这几个维度的情况进行评价，然后得到评价结果，为会员管理与营销提供支持。图9-18所示便是某网店对会员进行的类型细分和制定的营销策略。

R	F	M	会员细分类型	营销策略
高	高	高	重要价值会员	倾斜更多资源，VIP服务，个性化服务，附加销售
低	高	高	重要唤回会员	DM营销，提供有用的资源，通过新的商品赢回他们
高	低	高	重要深耕会员	交叉销售，提供会员忠诚度计划，推荐其他商品
低	低	高	重要挽留会员	重点联系或拜访，提高留存率
高	高	低	潜力会员	向上销售价值更高的商品，要求评论，吸引他们
高	低	低	新会员	提供免费试用，提高会员兴趣，打造品牌知名度
低	高	低	一般维持会员	积分制，分享宝贵的资源，提供热门商品折扣，与他们重新建立联系
低	低	低	低价值会员	恢复会员兴趣，否则暂时放弃低价值会员

注：VIP（Very Important People）即贵宾；DM（Direct Mail）即直邮。

图9-18｜会员类型细分和营销策略

任务实施——使用RFM模型细分会员

微课视频

使用RFM模型
细分会员

下面介绍使用RFM模型来细分会员的方法，其具体操作如下。

（1）整理数据。在客户运营平台或其他CRM软件中获取会员数据，主要包括会员名称、上次交易时间、交易笔数和交易总额这几个指标对应的数据，如图9-19所示（配套资源：素材\项目九\任务二\RFM模型.xlsx）。

（2）计算数据。由于获取的数据中只有上次交易时间，所以需要利用公式"=TODAY()-B2"将现在的时间减去上次交易的时间，得出时间间隔，如图9-20所示。

（3）计算均值。时间间隔对应"最近一次消费距今的时长"，即R维度；交易笔数对应"消费频率"，即F维度；交易总额对应"消费金额"，即M维度。下面需要对RFM这3个维度划分等级，如最近一次消费距今的时长可以按行业淡旺季的情况来划分，消费频率可以按平均频率来划分，消费金额可以依据网店自身的价格带来划分。这里简化处理，将3个维度的数据都按均值划分，利用AVERAGE函数计算出它们各自的均值，如图9-21所示。

	A	B	C	D	E	F	G	H	I	J
A1			fx	会员名称						
1	会员名称	上次交易时间	交易笔数 / 笔	交易总额 / 元						
2	150NH265周	2022/2/7	4	8010.9						
3	alley5522	2022/2/5	7	2670.3						
4	bonjour毛毛小代购	2022/4/2	9	8238.6						
5	chenyang526625	2022/1/29	7	5340.6						
6	congyler55	2022/3/21	3	6189.3						
7	cynthiasoji	2022/3/23	5	8238.6						
8	diaolanting	2022/2/5	7	8010.9						
9	dqT21129	2022/3/22	5	6189.3						
10	emma8908	2022/2/4	7	2670.3						
11	flywings_2009	2022/1/30	3	8010.9						
12	hwring1239	2022/2/2	7	8238.6						
13	huxiua1769	2022/3/16	3	8077.14						
14	hujie50106327	2022/3/31	7	4119.3						
15	hyfzhok11	2022/2/5	4	2049.3						
16	kazan70633	2022/3/14	9	8238.6						
17	linnali	2022/2/5	7	8010.9						
18	lllu	2022/2/4	3	2670.3						
19	liuripg.r	2022/3/25	6	8157.87						

图9-19｜获取并整理数据

	A	B	C	D	E	F	G	H	I	J
C2			fx	=TODAY()-B2						
1	会员名称	上次交易时间	时间间隔/天	交易笔数 / 笔	交易总额 / 元					
2	150NH65周	2022/2/7	76	4	8010.9					
3	alley5522	2022/2/5	78	7	2670.3					
4	bonjour毛毛小代购	2022/4/2	22	9	8238.6					
5	chenyang526625	2022/1/29	85	7	5340.6					
6	congyler55	2022/3/21	34	3	6189.3					
7	cynthiasoji	2022/3/23	32	5	8238.6					
8	diaolanting	2022/2/5	78	7	8010.9					
9	dqT21129	2022/3/22	33	5	6189.3					
10	emma8908	2022/2/4	79	3	2670.3					
11	flywings_2009	2022/1/30	84	3	8010.9					
12	hwring1239	2022/2/2	81	7	8238.6					
13	huxiua1769	2022/3/16	39	3	8077.14					
14	hujie50106327	2022/3/31	24	7	4119.3					
15	hyfzhok11	2022/2/5	78	4	2049.3					
16	kazan70633	2022/3/14	41	9	8238.6					
17	linnali	2022/2/5	78	7	8010.9					
18	lllu	2022/2/4	79	3	2670.3					
19	liuripg.r	2022/3/25	30	6	8157.87					
20	乖乖	2022/2/5	78	7	2670.3					

图9-20｜计算时间间隔

	A	B	C	D	E	F	G	H	I	J
B62			fx	均值:						
1	会员名称	上次交易时间	时间间隔/天	交易笔数 / 笔	交易总额 / 元					
47	小淘气包	2022/1/27	87	4	2670.3					
48	小绿	2022/1/26	88	7	2049.3					
49	小绿	2022/4/5	19	8	8238.6					
50	一区	2022/1/28	86	9	10681.2					
51	锅贴3344	2022/3/30	25	9	8238.6					
52	女	2022/1/25	89	7	2670.3					
53	女	2022/3/27	28	7	4119.3					
54	茉莉花	2022/2/3	80	9	14158.8					
55	冰心20161001	2022/2/5	78	6	13351.5					
56	红33	2022/2/8	75	3	2049.3					
57	77	2022/3/23	32	7	8238.6					
58	蝴蝶的年华	2022/3/21	34	7	6189.3					
59	6061	2022/4/5	19	5	4119.3					
60	_lin	2022/3/24	31	7	6189.3					
61	猫咪喵咪	2022/4/14	10	5	2670.3					
62		均值:	52.9	5.9	6263.6					

图9-21｜计算各维度数据的均值

（4）评价数据。将每个会员的各维度数据与对应的均值比较，其中，R值如果小于均值，则评价为"高"，如果大于或等于均值，则评价为"低"。F值和M值如果大于或等于均值，评价为"高"，小于均值则评价为"低"。图9-22所示为利用IF函数评价各维度数据的结果。

图9-22 | 利用IF函数对各维度数据进行评价

（5）细分会员。根据评价结果在Excel中利用IF函数来判断会员的类型，这里参照图9-18所示的类型，利用IF函数和AND函数对会员类型进行细分处理，如图9-23所示（配套资源：效果\项目九\任务二\RFM模型.xlsx）。得到会员的细分类型后，就可以更有针对性地对同类会员做精准推广和营销。

图9-23 | 细分会员类型

 ## 项目实训

利用会员数据可以对会员进行全方位的分析，商家可以实施精准营销。本实训将带大家进一步练习分析会员数据的方法，包括会员年龄和地区的分析，以及RFM模型分析等内容。

1. 分析会员年龄和地区分布

通过对网店中所有会员的年龄和地区分布进行分析，商家可以更有针对性地设计网店风格，上架有吸引力的商品，并按不同地区会员的喜好来精准推广商品。本实训将通过客户运营平台获取会员数据，并对会员的年龄和地区分布进行分析。

【实训目标】

（1）利用客户运营平台采集会员数据。

（2）计算不同年龄段的会员数量，利用饼图展现各年龄段占比。

（3）利用分类汇总统计会员的地区分布情况，结合圆环图分析数据。

【实训要求】

收集并整理会员数据，将年龄段分为小于25岁、25～30岁、31～35岁和大于35岁几个区间，使用COUNTIF函数统计各年龄段的会员数量，以结果为数据源创建饼图并分析年龄分布情况。然后按地区排列会员数，并汇总各地区的会员数量，最后以圆环图的形式展示地区分布情况。

【实训步骤】

（1）进入淘宝网的"客户运营平台"工具平台，选择左侧列表中的"客户列表"选项，复制其中的会员数据。

（2）将采集的数据整理到Excel中，然后输入年龄段的分段文本（配套资源：素材\项目九\项目实训\年龄和地区分布.xlsx），利用COUNTIF函数计算各年龄段的会员数量，如图9-24所示。

	f_x	=COUNTIF(D2:D61,"<=30")-L2										
B	C	D	E	F	G	H	I	J	K	L	M
会员级别	性别	年龄	地区/城市	交易总额/元	交易笔数/笔	平均交易金额/元	上次交易时间				
二级会员	男	28	北京	6189.3	3	2063.10	2022/2/13		小于25岁的会员数量	19	
二级会员	男	30	北京	2049.3	4	512.33	2021/12/17		25～30岁的会员数量	26	
二级会员	男	28	北京	2670.3	4	667.58	2021/12/8		31～35岁的会员数量	5	
普通会员	女	23	北京	2670.3	5	534.06	2022/2/23		大于35岁的会员数量	10	
二级会员	女	23	北京	8238.6	7	1176.94	2022/2/11				
普通会员	女	22	北京	4119.3	7	588.47	2022/2/4				
普通会员	女	21	北京	8238.6	7	1176.94	2022/2/1				
一级会员	女	21	北京	13351.5	6	2225.25	2021/12/17				
一级会员	女	23	北京	8010.9	5	1602.18	2021/12/16				
一级会员	女	33	北京	2670.3	5	534.06	2021/12/14				
普通会员	女	28	北京	2670.3	7	381.47	2022/2/11				
普通会员	女	25	北京	5340.6	7	762.94	2021/12/10				
一级会员	男	30	成都	8238.6	9	915.40	2022/2/13				
二级会员	男	22	成都	8238.6	9	915.40	2022/2/7				
一级会员	女	30	成都	7617.6	9	846.40	2022/2/10				
普通会员	女	25	成都	2670.3	7	381.47	2021/12/16				
普通会员	男	21	广州	2049.3	7	292.76	2021/12/17				
一级会员	女	25	广州	4119.3	5	823.86	2022/2/14				

图9-24｜计算各年龄段的会员数量

（3）以各年龄段的数据为数据源创建饼图，并进行适当美化。该网店25～30岁的会员数量占比为43%，小于25岁的会员数量占比为32%，如图9-25所示。

（4）按地区/城市排列数据，然后在【数据】/【分级显示】组中对会员数据进行分类汇总，在打开的对话框中设置分类字段为"地区/城市"、汇总方式为"计数"、"选定汇总项"为"地区/城市"。

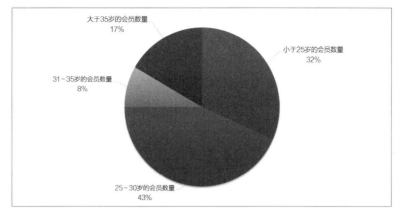

图9-25｜不同年龄段的会员数量占比

（5）汇总出每一个城市的会员数量后，按住【Ctrl】键同时选择所有城市和对应的会员数量，以此为数据源创建圆环图，对图表进行适当美化，最终效果如图9-26所示（配套资源：效果\项目九\项目实训\年龄和地区分布.xlsx）。

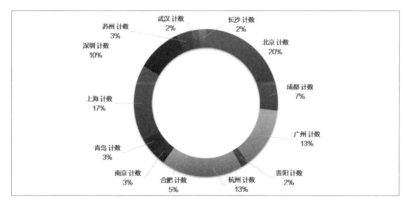

图9-26｜各城市的会员数量占比

2. 利用RFM模型分析会员

RFM模型除了可以通过"高""低"值来评价会员各维度结果外，还可以通过赋值计算的方法量化会员的RFM得分。二者的原理是相似的，本实训便利用后一种方法来分析会员数据。

微课视频

利用RFM模型
分析会员

【实训目标】

（1）采集并整理会员数据。

（2）划分层次并赋值。

（3）计算RFM得分。

【实训要求】

收集并整理会员数据，将时间间隔、交易笔数、交易总额分为5个层次，按这些层次为会员的各个维度赋值。将所有维度的结果转化为RFM得分并分析数据。

【实训步骤】

（1）在客户运营平台中采集客户信息、上次交易时间、交易笔数和交易总额等数据，并在Excel中进行整理（配套资源：素材\项目九\项目实训\RFM模型.xlsx），然后将第一行单元格冻结（在【视图】/【窗口】组中单击"冻结窗口"按钮，在打开的下拉列表中选择"冻结首行"选项）。

（2）在"上次交易时间"项目右侧插入"时间间隔"项目，利用函数将现在的时间减去上次交易的时间，得到时间间隔的天数。

（3）利用IF函数按时间间隔数据给R维度赋值。当时间间隔小于30天，赋值5；时间间隔为30~59天，赋值4；时间间隔为60~89天，赋值3；时间间隔为90~119天，赋值2；时间间隔大于119天，赋值1。

（4）利用IF函数按交易笔数数据给F维度赋值。当交易笔数小于4，赋值1；交易笔数大于等于4且小于6，赋值2；交易笔数大于等于6且小于8，赋值3；交易笔数大于等于8且小于10，赋值4；交易笔数大于等于10，赋值5。

（5）利用IF函数按交易总额数据给M维度赋值。当交易总额小于2 000元，赋值1；交易总额大于等于2 000元且小于5 000元，赋值2；交易总额大于等于5 000元且小于10 000元，赋值3；交易总额大于等于10 000元且小于20 000元，赋值4；交易总额大于等于20 000元，赋值5。

（6）利用公式"=R&F&M"将3个维度的数据连接在一起，如图9-27所示（配套资源：效果\项目九\项目实训\RFM模型.xlsx）。此时，便可通过RFM的值分析每一位会员的情况。例如，第一位会员的RFM值为"123"，则说明该会员忠诚度低、交易频率低、消费能力一般。

	A	B	C	D	E	F	G	H	I	J
1	客户信息	上次交易时间	时间间隔/天	交易笔数/笔	交易总额/元	R	F	M	RFM	
2	Tom tml265周	2021/12/19	127	4	8010.9	1	2	3	123	
3	alley8822	2021/12/17	129	7	2670.3	1	3	2	132	
4	bonjour毛毛小代购	2022/2/11	73	9	8238.6	3	4	3	343	
5	chuangang526625	2021/12/10	136	7	5340.6	1	3	3	133	
6	xiangjin55	2022/1/30	85	3	6189.3	3	1	3	313	
7	cyr ifhaloji	2022/2/1	83	5	8238.6	3	2	3	323	
8	diachehting	2021/12/17	129	7	8010.9	1	3	3	133	
9	nhm129	2022/1/31	84	5	6189.3	3	2	3	323	
10	qmsmd908	2021/12/16	130	7	2670.3	1	3	2	132	
11	ifysximgn_2009	2021/12/11	135	3	8010.9	1	1	3	113	
12	hitting1239	2021/12/14	132	7	8238.6	1	3	3	133	
13	huathun1769	2022/1/25	90	3	8077.14	2	1	3	213	
14	hujinhhh8327	2022/2/9	75	7	4119.3	3	3	2	332	
15	hyhirhote11	2021/12/17	129	4	2049.3	1	2	2	122	
16	hrenn l0633	2022/1/23	87	9	8238.6	3	4	3	243	
17	hentshll	2021/12/17	129	7	8010.9	1	3	3	133	
18	htthla	2021/12/16	130	3	2670.3	1	1	2	112	
19	hertingn	2022/2/3	81	6	8157.87	3	3	3	333	

图9-27 | 连接3个维度的数据

思考与练习

（1）经过多年的摸索，人们发现吸引一位新客户所花费的成本大约是保有一位现有客户的5倍，于是会员这个概念开始在各大商业领域出现并得到使用，会员制也逐渐成为商家维系与客户的长期交易关系的一种管理模式。请思考会员管理需要注意的问题。

（2）请采集会员数据，按照本项目介绍的方法分析会员的性别、年龄和地区分布，并利用RFM模型对会员进行细分管理。

项目十

成果检验
——分析利润数据

学习目标

◆ 了解什么是利润与利润率。

◆ 熟悉商品成本、推广成本和固定成本。

◆ 掌握利润预测的常用方法。

素养目标

◆ 能够对企业的商品成本、推广成本和固定成本进行数据分析。

◆ 能够使用线性预测和模拟运算等方法对利润数据进行预测。

引导案例

获取利润是企业存在的根本目的，一个行业只要有利可图，必然会有企业愿意去经营。不同行业的利润有高有低，而利润高低并不是评判行业生命力的唯一标准。

例如，楼仲平是义乌市双童日用品有限公司的创办人，1993年时进入吸管行业，通过市场调研和数据分析，发现吸管行业的利润极低，单品的平均售价大约为0.008元，除了其他成本，利润只有10%。但是，楼仲平发现客户对吸管的品牌并不在意，这就表示进入这个行业的门槛不高，竞争更为自由。

因此，虽然行业利润微薄，但是楼仲平经过多年的坚持和拼搏，靠着每根吸管0.000 8元的利润，将义乌市双童日用品有限公司做到了年产吸管7 000多吨、产值近2亿元的规模，双童吸管成为吸管行业领军品牌。

任务一 分析成本数据

任务概述

成本与利润是息息相关的，无论企业还是网店，经营的根本目的都是赢利。在网店运营的过程中，常见的成本包括商品成本、推广成本和固定成本等。本任务将带大家重点学习成本数据的分析方法，同时了解利润与利润率、商品成本、推广成本、固定成本的概念。

相关知识

1. 利润与利润率

从会计的角度来讲，利润与利润率的定义较为复杂；但是对于电子商务行业，特别是电子商务商家而言，利润与利润率的概念较为直观。图10-1显示了某网店近3个月的利润与利润率情况。由图10-1可知，利润和利润率的定义分别如下。

月份	成交量/件	平均成交价格/元	成交金额/元	总成本/元	利润/元	利润率
10月	856	154.70	132,423.20	82,574.00	49,849.20	37.64%
11月	1005	156.40	157,182.00	90,630.00	66,552.00	42.34%
12月	695	134.30	93,338.50	64,448.00	28,890.50	30.95%

图10-1｜网店利润数据

- **利润**｜利润指网店收入与成本的差额，图10-1中利润的计算公式：利润=成交金额－总成本。
- **利润率**｜利润率包括销售利润率、成本利润率等，用于衡量销售、成本等项目的价值转化情况。图10-1中的利润率为销售利润率，其计算公式：销售利润率=利润/成交金额×100%。成本利润率的计算公式：成本利润率=利润/总成本×100%。

2. 商品成本

商品成本包括进货成本、物流成本、人工成本、损耗成本和其他成本等。不同的进货渠道对商品成本有直接的影响，例如选择在实体批发市场进货，人工成本会更高，而选择通过网络渠道批发商品，物流成本会更高。具体选择货源时，除了商品品质、货源是否充足等条件，产生的商品成本也是必须考虑的。

3. 推广成本

推广是网店运营的核心手段之一，如使用淘宝联盟、直通车、引力魔方等常规推广方式，以及参加平台组织的各种活动等，都会涉及推广成本。通过对推广成本进行分析，商家可以看到哪种推广手段更为有效，从而能够有针对性地改变运营推广策略。

4. 固定成本

固定成本主要包括办公场地的租金、员工工资、各种设备折旧，以及网购平台的相关固定费用。如淘宝网店信誉达到钻石等级后，若选择专业版网店装修，则商家需每月交纳一定费用。固定成本的特点是成本费用的变化频率低、变化幅度小，但其同样需要纳入成本中进行核算，不应遗漏。

就网店而言，分析固定成本时可以重点关注员工工资这个成本项目，这是因为员工工资与网店交易金额、客服指标等都是直接挂钩的，工资数据的变动可以从侧面反映网店的整体运营情况。

任务实施

1. 分析商品成本构成情况

某网店在当地实体批发市场和网上批发商城分别购进了一批商品，下面通过商品成本构成分析来发现更适合该网店的进货渠道，其具体操作如下。

（1）整理数据。将此次采购商品发生的相关成本数据整理到Excel中，如图10-2所示（配套资源：素材\项目十\任务一\商品成本.xlsx）。

微课视频

分析商品成本构成情况

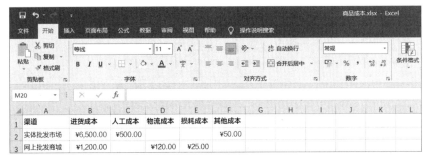

图10-2｜整理商品成本数据

（2）计算数据。增加"成本占比"行，利用SUM函数计算各项成本占总成本的比例，如图10-3所示。

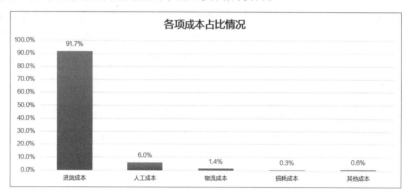

图10-3 | 计算各项成本占比

（3）创建图表。以项目和成本占比为数据源创建柱形图，适当调整并设置图表，如图10-4所示。可见，进货成本是商品成本的主要构成项目。

图10-4 | 创建并设置柱形图

（4）计算数据。进货消耗率指购进商品时伴随进货成本产生的其他所有成本与进货成本的比率，这里在表格中增加"进货消耗率"项目，并计算出不同渠道的进货消耗率，如图10-5所示（配套资源：效果\项目十\任务一\商品成本.xlsx）。由此可见，该网店可能由于地域优势等原因，从实体批发市场进货的消耗率相对于网上批发商城要低一些。因此，除非实体批发市场没有满意的货源，否则商家应通过实体批发市场进货来减少成本。

图10-5 | 计算进货消耗率

2. 分析不同推广渠道的效率

某网店通过淘宝联盟、直通车、引力魔方和其他方法进行了商品推广，下面利用相关数据来分析这些渠道的推广效率，其具体操作如下。

（1）整理数据。通过生意参谋采集不同推广渠道的成本和交易金额等数据，并整理到Excel中（配套资源：素材\项目十\任务一\推广成本.xlsx）。

微课视频

分析不同推广渠道的效率

（2）计算数据。利用公式"利润=交易金额－成本"计算出各推广渠道的利润数据。

（3）计算数据。利用公式"成本利润率=利润/成本"计算出各推广渠道的成本利润率数据，如图10-6所示。

图10-6 | 计算利润和成本利润率

（4）创建图表。以推广渠道、利润和成本利润率为数据源创建组合图，然后适当调整和美化图表，其中利润为柱形图，成本利润率为次坐标轴的折线图，如图10-7所示（配套资源：效果\项目十\任务一\推广成本.xlsx）。由图10-7可知，该网店的几种推广渠道都带来了利润，但相对来看，淘宝联盟和直通车的成本利润率要高得多，引力魔方和其他推广渠道需要进一步优化。例如，优化引力魔方的图片效果，提高引力魔方的推广精准度等，以吸引更多的流量。

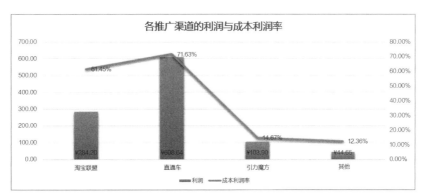

图10-7 | 创建并设置组合图

3. 计算固定资产的年折旧额和月折旧额

构成网店固定成本的项目较多，这里重点介绍固定资产折旧额的计算方法。通过计算得到月折旧额，就能获取所有固定资产每月的折旧费用，再将其与其他固定成本（如办公场所租金、员工工资等）相加就能得到每月的固定成本。下面采用直线折旧法计算固定资产的线性折旧值（即平均折旧值），其具体操作如下。

微课视频

计算固定资产的
年折旧额和
月折旧额

（1）录入数据。将各项固定资产与折旧相关的数据录入Excel，如固定资产名称、数量、单位、购置日期、原值、预计净残值、使用年限等（配套资源：素材\项目十\任务一\固定资产.xlsx）。

（2）选择函数。选择H2:H28单元格区域，单击编辑栏上的"插入函数"按钮 f_x，打开"插入函数"对话框，在"或选择类别"下拉列表框中选择"财务"选项，在"选择函数"列表框中选择"SLN"选项，单击 确定 按钮，如图10-8所示。

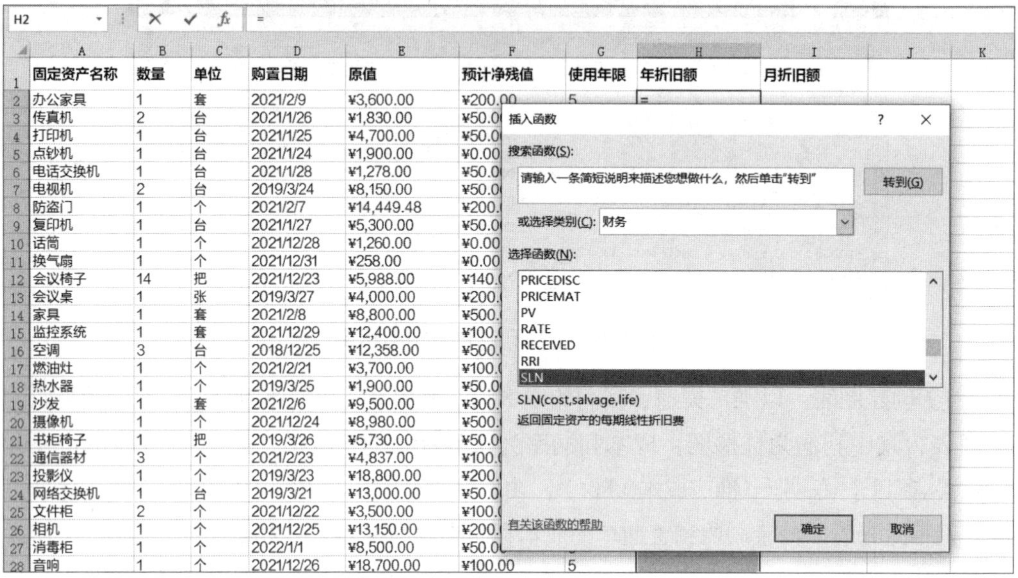

图10-8 | 选择财务函数

（3）设置参数。打开"函数参数"对话框，分别为"Cost""Salvage""Life"参数引用E2、F2、G2单元格的地址，单击 确定 按钮，如图10-9所示。

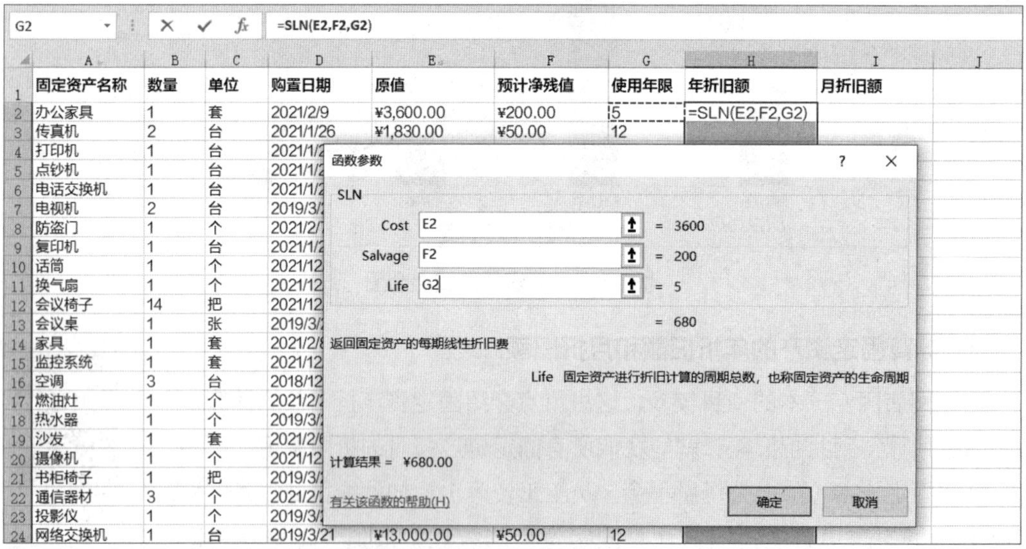

图10-9 | 设置函数参数

（4）计算数据。填充年折旧额，然后利用公式"月折旧额=年折旧额/12"计算月折旧额，如图10-10所示（配套资源：效果\项目十\任务一\固定资产.xlsx）。

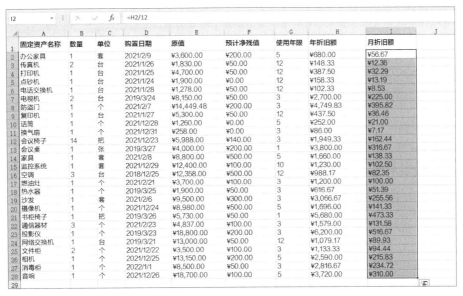

图10-10 | 计算月折旧额

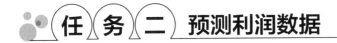

任务概述

通过对利润数据进行预测和分析,商家不仅可以有针对性地进行营销管理来提高销量,还能科学地降低成本。本任务将带大家学习几种预测利润的方法。

相关知识

1. 线性预测

线性预测常用于通过一个变量来预测另一个变量的变化趋势。利用这种预测方法,商家就可以根据设定的成交量目标来预测可能发生的成本费用数据,进而得到可能的利润数据。

在Excel中,可以利用TREND函数来进行线性预测。TREND函数的语法格式为"TREND(known_y's, [known_x's], [new_x's], [const])"。其中,各参数的作用分别如下。

- **known_y's** 这一参数表示关系表达式 $y = mx + b$ 中已知的 y 值集合。
- **known_x's** 这一参数表示关系表达式 $y = mx + b$ 中已知的可选 x 值集合。
- **new_x's** 这一参数表示函数 TREND 返回对应 y 值的新 x 值。
- **const** 这一参数表示是否将常量 b 强制设为 0,此参数非必要,可以省略。

2. 模拟运算

模拟运算同样可以通过Excel来实现,该功能用于分析某个变量在不同值的情况下,目标值会发生怎样的变化。利用这个特点,商家就可以通过实际的成本、成交金额和利润,来预测未来的利润变化情况。

👤 任务实施

1. 根据成交金额预测成本和利润

下面根据已经发生的成交金额和各项成本数据，以目标成交金额为基础来预测未来的各项成本与利润，其具体操作如下。

（1）采集数据。将已发生的成交金额、商品成本、推广成本和固定成本等数据采集并整理到Excel中，然后设定未来各月的目标成交金额，如图10-11所示（配套资源：素材\项目十\任务二\线性预测.xlsx）。

	月份	成交金额	商品成本	推广成本	固定成本	利润
1						
2	1月	¥46,739.00	¥19,341.00	¥8,881.00	¥6,313.00	
3	2月	¥62,778.00	¥20,393.00	¥9,341.00	¥9,630.00	
4	3月	¥59,486.00	¥19,341.00	¥7,323.00	¥5,457.00	
5	4月	¥30,957.00	¥24,253.00	¥5,481.00	¥6,313.00	
6	5月	¥49,167.00	¥22,104.00	¥8,551.00	¥10,058.00	
7	6月	¥55,237.00	¥22,718.00	¥7,806.00	¥8,560.00	
8	7月	¥53,416.00				
9	8月	¥39,455.00				
10	9月	¥38,848.00				
11	10月	¥50,988.00				
12	11月	¥47,953.00				
13	12月	¥46,739.00				

图10-11｜采集并整理数据

（2）设置函数。选择C8:C13单元格区域，在其中使用统计类函数中的TREND函数，并设置函数参数，单击 确定 按钮，如图10-12所示。

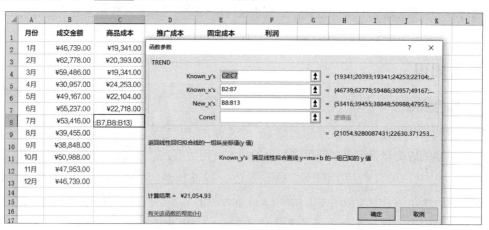

图10-12｜设置函数参数

（3）填充函数。保持C8:C13单元格区域的选中状态，拖曳区域右下角的填充柄至E13单元格，预测其他两项成本数据，如图10-13所示。

（4）计算利润。按公式"利润=成交金额－商品成本－推广成本－固定成本"计算各月的利润数据，如图10-14所示（配套资源：效果\项目十\任务二\线性预测.xlsx）。由图10-14可知，8月和9月的利润数据明显较低，商家应该想办法降低这两个月的成本，或改善运营方式增加成交金额来提高利润。

C8 | =TREND(C2:C7,B2:B7,B8:B13)

	A	B	C	D	E	F
1	月份	成交金额	商品成本	推广成本	固定成本	利润
2	1月	¥46,739.00	¥19,341.00	¥8,881.00	¥6,313.00	
3	2月	¥62,778.00	¥20,393.00	¥9,341.00	¥9,630.00	
4	3月	¥59,486.00	¥19,341.00	¥7,323.00	¥5,457.00	
5	4月	¥30,957.00	¥24,253.00	¥5,481.00	¥6,313.00	
6	5月	¥49,167.00	¥22,104.00	¥8,551.00	¥10,058.00	
7	6月	¥55,237.00	¥22,718.00	¥7,806.00	¥8,560.00	
8	7月	¥53,416.00	¥21,054.93	¥8,032.41	¥7,827.23	
9	8月	¥39,455.00	¥23,286.95	¥7,044.16	¥7,216.83	
10	9月	¥38,848.00	¥23,380.81	¥6,979.60	¥7,149.08	
11	10月	¥50,988.00	¥22,161.09	¥7,843.58	¥8,422.99	
12	11月	¥47,953.00	¥22,441.79	¥7,714.28	¥8,213.47	
13	12月	¥46,739.00	¥22,588.57	¥7,533.20	¥7,856.90	

图10-13 | 预测各项成本

F2 | =B2-C2-D2-E2

	A	B	C	D	E	F
1	月份	成交金额	商品成本	推广成本	固定成本	利润
2	1月	¥46,739.00	¥19,341.00	¥8,881.00	¥6,313.00	¥12,204.00
3	2月	¥62,778.00	¥20,393.00	¥9,341.00	¥9,630.00	¥23,414.00
4	3月	¥59,486.00	¥19,341.00	¥7,323.00	¥5,457.00	¥27,365.00
5	4月	¥30,957.00	¥24,253.00	¥5,481.00	¥6,313.00	¥-5,090.00
6	5月	¥49,167.00	¥22,104.00	¥8,551.00	¥10,058.00	¥8,454.00
7	6月	¥55,237.00	¥22,718.00	¥7,806.00	¥8,560.00	¥16,153.00
8	7月	¥53,416.00	¥21,054.93	¥8,032.41	¥7,827.23	¥16,501.43
9	8月	¥39,455.00	¥23,286.95	¥7,044.16	¥7,216.83	¥1,907.06
10	9月	¥38,848.00	¥23,380.81	¥6,979.60	¥7,149.08	¥1,338.51
11	10月	¥50,988.00	¥22,161.09	¥7,843.58	¥8,422.99	¥12,560.34
12	11月	¥47,953.00	¥22,441.79	¥7,714.28	¥8,213.47	¥9,583.46
13	12月	¥46,739.00	¥22,588.57	¥7,533.20	¥7,856.90	¥8,760.34

图10-14 | 计算并预测利润

2. 根据推广成本模拟预测利润变化

下面利用Excel的模拟运算功能，模拟在不同的推广成本下利润的变化情况，其具体操作如下。

微课视频

根据推广成本模拟预测利润变化

（1）整理数据。将某月真实发生的各项成本和成交金额数据录入Excel，然后利用公式"利润=成交金额−商品成本−推广成本−固定成本"计算出当月的利润。

（2）录入并计算数据。录入其他各月的预测推广成本数据，并利用上一步的公式计算利润，以此为预测利润的基础，如图10-15所示（配套资源：素材\项目十\任务二\模拟运算.xlsx）。

（3）模拟运算。选择B5:C17单元格区域，在【数据】/【预测】组中单击"模拟分析"按钮 ，在打开的下拉列表中选择"模拟运算表"选项，打开"模拟运算表"对话框。由于模拟运算以预测的推广成本数据为参考，所以需要在"输入引用列的单元格"文本框中指定B2单元格的数据为标准数据，单击 确定 按钮，如图10-16所示。

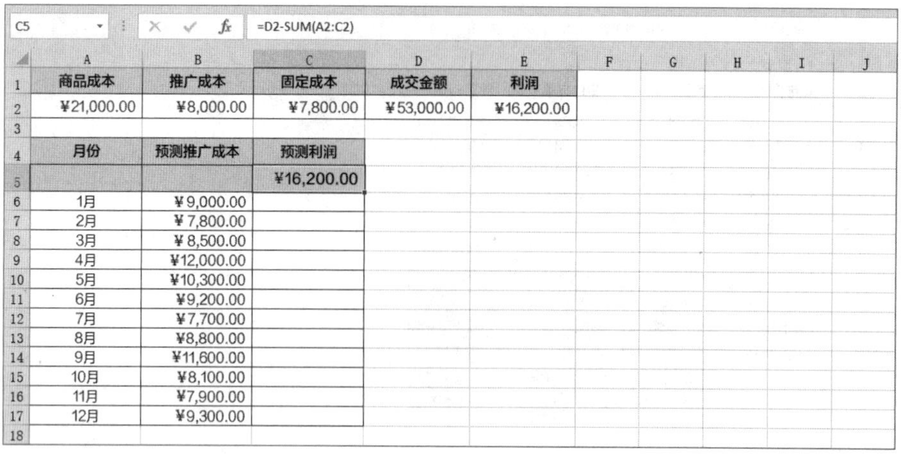

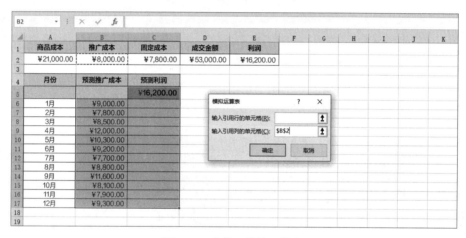

	A	B	C	D	E
1	商品成本	推广成本	固定成本	成交金额	利润
2	¥21,000.00	¥8,000.00	¥7,800.00	¥53,000.00	¥16,200.00
3					
4	月份	预测推广成本	预测利润		
5			¥16,200.00		
6	1月	¥9,000.00			
7	2月	¥7,800.00			
8	3月	¥8,500.00			
9	4月	¥12,000.00			
10	5月	¥10,300.00			
11	6月	¥9,200.00			
12	7月	¥7,700.00			
13	8月	¥8,800.00			
14	9月	¥11,600.00			
15	10月	¥8,100.00			
16	11月	¥7,900.00			
17	12月	¥9,300.00			

图10-15｜采集数据并计算利润

	A	B	C	D	E
1	商品成本	推广成本	固定成本	成交金额	利润
2	¥21,000.00	¥8,000.00	¥7,800.00	¥53,000.00	¥16,200.00
3					
4	月份	预测推广成本	预测利润		
5			¥16,200.00		
6	1月	¥9,000.00			
7	2月	¥7,800.00			
8	3月	¥8,500.00			
9	4月	¥12,000.00			
10	5月	¥10,300.00			
11	6月	¥9,200.00			
12	7月	¥7,700.00			
13	8月	¥8,800.00			
14	9月	¥11,600.00			
15	10月	¥8,100.00			
16	11月	¥7,900.00			
17	12月	¥9,300.00			

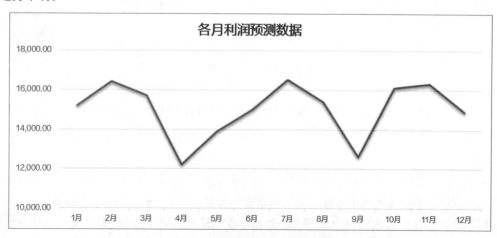

图10-16｜使用模拟运算表

（4）创建图表。以模拟运算计算出来的各月利润预测数据为数据源创建折线图，并适当调整和美化图表，如图10-17所示。由图10-17可知，不同月份的利润预测数据波动较大，整体趋势不明。

图10-17｜创建并设置折线图

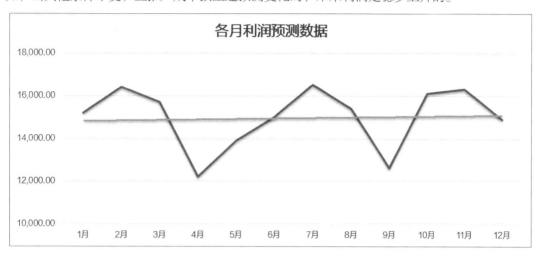 成果检验——分析利润数据 项目十·

（5）添加趋势线。在折线图的数据系列上单击鼠标右键，在弹出的快捷菜单中选择"添加趋势线"命令，在打开的任务窗格中单击选中"线性"单选项，并适当设置趋势线的外观格式，效果如图10-18所示（配套资源：效果\项目十\任务二\模拟运算.xlsx）。由图10-18可知，当其他条件不变，且推广成本按上述预测变化时，未来利润是稳步上升的。

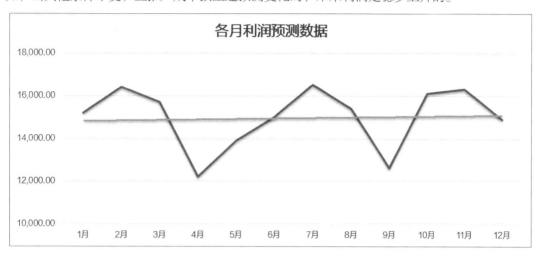

图10-18 | 添加趋势线

项目实训

本项目介绍了利用Excel的功能进行成本分析与利润预测的相关知识。下面将通过实训进一步巩固成本分析与利润预测的方法。

1. 分析推广成本

推广与销量密切相关，商家花费了大量的成本进行推广后，可以利用数据来分析哪些推广手段有效，哪些推广手段需要进一步优化或直接摒弃。

微课视频

分析推广成本

【实训目标】

（1）计算成本利润率。

（2）创建数据透视图分析推广成本。

【实训要求】

在生意参谋中采集淘宝联盟、直通车和引力魔方等推广方式对应的成本数据和交易金额数据，然后利用这些数据分别计算出利润和成本利润率，最后创建数据透视图分析利润和成本利润率。

【实训步骤】

（1）将从生意参谋中采集到的数据复制到Excel中并进行整理（配套资源：素材\项目十\项目实训\推广成本.xlsx），然后计算出不同推广方式对应的利润和成本利润率。

（2）以表格中的所有数据为数据源创建数据透视表，将"推广方式"字段添加到"行"区域，将"利润"和"成本利润率"字段添加到"值"区域，如图10-19所示。

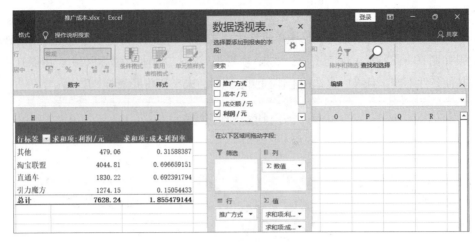

图10-19｜创建数据透视表

（3）在数据透视表的基础上创建数据透视图，选择类型为组合图，其中利润为柱形图，成本利润率为次坐标轴的折线图，然后适当调整数据透视图，如图10-20所示（配套资源：效果\项目十\项目实训\推广成本.xlsx）。由图10-20可知，淘宝联盟的利润和成本利润率均是最高的，说明该推广方式的流量质量和转化效果很好，商家应该继续维持。另外，直通车推广方式的成本利润率较高，商家可以加大对该渠道的投入，以获得更多的利润。

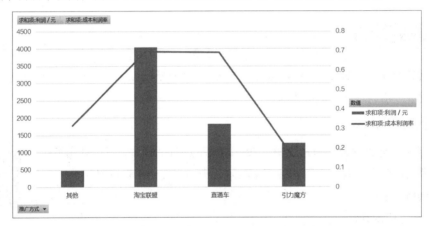

图10-20｜创建数据透视图

2. 通过推广成本和商品成本预测利润

模拟运算可以利用两个不同的变量来预测值，其使用方法与单变量的模拟运算相似，只需要增加一个变量即可。本实训将使用双变量预测利润。

【实训目标】

（1）创建双变量数据模型。

（2）在双变量条件下进行模拟运算。

【实训要求】

利用实际产生的数据计算出网店的利润，然后设定未来一年的推广成本金额目标，并设定4种不同的商品成本金额，以这两个变量来预测对应的利润数据。

【实训步骤】

（1）利用商品成本、推广成本、固定成本和成交金额计算出利润，然后按行指定不同的推广成本，按列指定不同的商品成本，如图10-21所示（配套资源：素材\项目十\项目实训\模拟运算.xlsx）。

	A	商品成本	推广成本	固定成本	成交金额	利润	G	H	I	J
1		商品成本	推广成本	固定成本	成交金额	利润				
2		¥21,000.00	¥8,000.00	¥7,800.00	¥53,000.00	¥16,200.00				
3										
4		¥16,200.00	¥30,000.00	¥25,000.00	¥28,000.00	¥27,000.00	←商品成本			
5	1月	¥9,000.00								
6	2月	¥7,800.00								
7	3月	¥8,500.00								
8	4月	¥12,000.00								
9	5月	¥10,300.00								
10	6月	¥9,200.00								
11	7月	¥7,700.00								
12	8月	¥8,800.00								

图10-21｜录入并计算数据

（2）选择B4:E16单元格区域，在【数据】/【预测】组中单击"模拟分析"按钮，在打开的下拉列表中选择"模拟运算表"选项，打开"模拟运算表"对话框，分别在"输入引用行的单元格"和"输入引用列的单元格"文本框中指定B2和C2单元格，单击 确定 按钮，如图10-22所示。

图10-22｜双变量模拟运算

（3）Excel将计算出在不同商品成本和推广成本下的利润数据，如图10-23所示（配套资源：效果\项目十\项目实训\模拟运算.xlsx）。由图10-23可知，在设定的商品成本普遍增加的情况下，利润将减少，此时商家需要控制推广成本才能得到预期的利润。

	A	商品成本	推广成本	固定成本	成交金额	利润	G	H	I
1		商品成本	推广成本	固定成本	成交金额	利润			
2		¥21,000.00	¥8,000.00	¥7,800.00	¥53,000.00	¥16,200.00			
3									
4		¥16,200.00	¥30,000.00	¥25,000.00	¥28,000.00	¥27,000.00	←商品成本		
5	1月	¥9,000.00	¥6,200.00	¥11,200.00	¥8,200.00	¥9,200.00			
6	2月	¥7,800.00	¥7,400.00	¥12,400.00	¥9,400.00	¥10,400.00			
7	3月	¥8,500.00	¥6,700.00	¥11,700.00	¥8,700.00	¥9,700.00			
8	4月	¥12,000.00	¥3,200.00	¥8,200.00	¥5,200.00	¥6,200.00			
9	5月	¥10,300.00	¥4,900.00	¥9,900.00	¥6,900.00	¥7,900.00			
10	6月	¥9,200.00	¥6,000.00	¥11,000.00	¥8,000.00	¥9,000.00			
11	7月	¥7,700.00	¥7,500.00	¥12,500.00	¥9,500.00	¥10,500.00			
12	8月	¥8,800.00	¥6,400.00	¥11,400.00	¥8,400.00	¥9,400.00			
13	9月	¥11,600.00	¥3,600.00	¥8,600.00	¥5,600.00	¥6,600.00			
14	10月	¥8,100.00	¥7,100.00	¥12,100.00	¥9,100.00	¥10,100.00			
15	11月	¥7,900.00	¥7,300.00	¥12,300.00	¥9,300.00	¥10,300.00			
16	12月	¥9,300.00	¥5,900.00	¥10,900.00	¥7,900.00	¥8,900.00			
17		推广成本↑							

图10-23｜分析数据

思考与练习

（1）利润与利润率均是衡量电子商务运营成效的指标，请思考利润与利润率各自的定义是什么，销售利润率与成本利润率应该如何计算。

（2）请采集近一年的销售数据和成本数据，设定未来半年各月的销售目标，利用线性预测法在Excel中预测未来半年各月的成本数据和利润数据。

项目十一

有理有据
——制作数据分析报告

企业制作数据分析报告时，一方面需要对电子商务领域的相关行业进行分析，以便制定正确的经营策略和营销方案；另一方面也需要给投资者具体的数据结论，以吸引其进行投资。

小伟是一家健身器械网店的店主，同时也是数据爱好者，他非常看重数据的作用，会以数据为导向来调整自己网店的经营策略。在大数据环境下，小伟会关注由第一财经商业数据中心公布的中国互联网消费生态大数据报告，如2021年该报告显示：人们的消费理念加快转变，健康消费需求空前高涨；追求饮食健康成为越来越多人的生活态度，低脂、少糖、高营养的食品越来越受到市场的青睐，各种健身、医疗器械和仪器也非常热销。小伟以该报告为参考，更加注重打造健康理念，这也使得他的网店流量越来越高，人气越来越旺。

大数据环境下的投资者，更需要利用数据来分析企业的经营情况，这样才能了解企业的经营优势，才能保证投资行为收到预期的回报。在这个过程中，数据分析报告就是投资者与企业之间建立合作关系的重要条件，一份既能让企业找准方向，又能给投资者带来信心的数据分析报告，是双方共同的需求。

任务一 认识数据分析报告

任务概述

数据分析报告是充分利用数据来科学分析和评估某个项目情况的报告，它可以提供科学而严谨的依据，指出项目的发展方向，规避运营中的一些风险。本任务将带大家认识数据分析报告的主要内容和制作报告时可能出现的一些错误。

相关知识

1. 数据分析报告的主要内容

严格来说，数据分析报告体系非常复杂，本项目主要针对网上开店这个领域，将报告内容进行适当简化。

一份基础的数据分析报告的主要内容有企业简介、报告目标、制作流程、数据来源、数据展示、数据分析和报告结论7个部分。

- **企业简介**｜企业简介通常是对一个企业或组织的基本情况进行简单说明。在数据分析报告中撰写企业简介时，首先需要明确企业的背景，如企业性质和组成方式（集资方式）等；其次从整体上介绍企业的经营范围、理念和文化；再次概括介绍企业现在的经营状况；最后指明企业未来的发展方向或现阶段的发展目标。

- **报告目标** | 报告目标即在撰写数据分析报告时需要明确报告的目标，如解决某个或多个指标的问题，或是分析某个项目可行性的问题等。

- **制作流程** | 制作流程就是制作数据分析报告的思路，要概括出该报告写作的步骤及每个步骤用到的方法。另外，为了呈现出更清晰的制作流程，还可以将文字内容转换成流程图，如图11-1所示。

- **数据来源** | 数据来源部分要说明数据分析报告所使用的数据的来源，可以指出为什么要选择这些数据源，以及数据的采集方法。

- **数据展示** | 数据展示就是将数据分析结果展现出来，常利用表格、图表等对象将数据以可视化的方式进行展示，让数据结果一目了然。

- **数据分析** | 对于网店而言，数据分析主要涉及商品类目成交量、商品类目销售额、商品品牌成交量、商品品牌销售额、销售平台数据。当然，与这几个方面数据相关的其他数据也需要进行细化和分析，以便全面评估数据结果。

- **报告结论** | 在报告结论的撰写过程中，要根据数据分析结果提出合适的建议。例如，网店应该选择哪种类目或品牌，或选择哪个电子商务平台等。

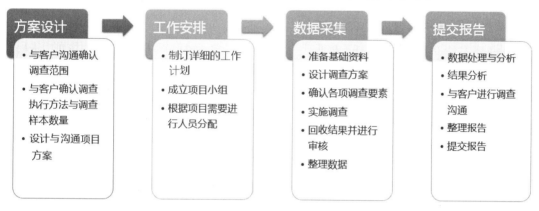

图11-1 | 数据分析报告制作流程图

2. 制作数据分析报告时的常见错误

制作数据分析报告是一项严谨的工作，应该杜绝可能出现的各种错误。下面归纳了其中一些较容易出现的错误。

- **方向错误** | 这种错误是非常致命的，有可能导致整个数据分析报告完全作废。例如，报告目标是分析如何提高客单价这个指标，但实际制作时将目标方向定位到转化率这个指标，导致分析过程和结果都不符合要求。当然，方向错误并不单单是分析目标的错误，也可能涉及调研错误、执行方向错误、所选分析方法错误等。

- **数据错误** | 这种错误非常普遍，需要引起重视。例如，将正确的计算结果"1 300"写成了"13 000"，将"100"访问次数这个指标写成"100"访问人数，将销售额"20万元"写成"20元"等。

- **表述错误** | 这种错误会造成数据结果与表述不符的情况，导致数据分析报告的结论

无法令人信服。例如，将平稳增长的销售额表述为"高速增长"，将次要原因表述为主要原因等。

任务实施——错误的数据分析报告案例

数据分析报告能够为网店运营提供有力的数据支持，但如果应用不当，也会给网店带来损失，例如以下这个案例。

小李经营着一家宠物食品企业，由于近几年宠物食品市场的空间不断扩展，他有了在网上开店的想法。于是凭着以前的经验，他开始为商品设计做消费调查。

为了能够了解更多的消费信息，小李设计了非常精细的问卷，内容涉及价格、包装、食量、周期、口味、配料等多个方面。小李在市场调查的所有有效反馈信息中选择了900个样本，并保证所有的样本都是在超市宠物食品区域的购物人群中产生的。经过对这些样本的数据分析，小李对在网上开店充满了信心。

一段时间后，小李的网店终于开始营业了，根据市场调查结果推出的新配方、新包装的狗粮产品也开始进入市场。这之后的一个星期，产品销售非常火爆，但紧接着就是全面的萧条。

惨淡的销量让小李不知所措，难道市场调查的结果还不如自己以前凭直觉定位来得准确？最终新产品被迫下架，网店也只能关闭。

再后来，小李专门访问了10多位新产品的购买者，询问他们拒绝再次购买的原因，得到的回答很简单：宠物不喜欢吃。

小李一开始的调查方向就出现了错误，因为宠物食品的最终消费者是宠物，人只是购买者。市场调查方向的错误，决定了调查结论的错误，后期的数据分析报告围绕着这个错误来制作，其结论也只能是错误的。

任务二 制作开设网店的数据分析报告

任务概述

本任务将以制作立华公司开设网店的数据分析报告为例，介绍数据分析报告的基本制作过程。

相关知识

1. Word与Excel协同工作

数据分析报告可以使用Word与Excel来完成。一方面，Word是一种常用的文字编辑工具；另一方面，它可以使用Excel制作的表格和图表等对象，二者能更好地共享数据。

- **复制数据** | 在Excel中选择单元格区域或图表，按【Ctrl+C】组合键执行复制操作，然后切换到Word中，按【Ctrl+V】组合键将复制的表格数据或图表粘贴到文档中，此时可利用"表格工具"选项卡或"图表工具"选项卡对表格或图表做进一步的设置。

- **嵌入对象**｜在Word中单击【插入】/【文本】组中的 ⬚对象 按钮，打开"对象"对话框，单击"新建"选项卡，在下方的列表框中选择"Microsoft Excel Worksheet"选项或"Microsoft Excel Chart"选项，单击 确定 按钮，如图11-2所示。此时可在Word中插入所选的Excel对象，双击该对象，将在Word中嵌入Excel操作界面，从而实现在Word中编辑Excel对象的操作。

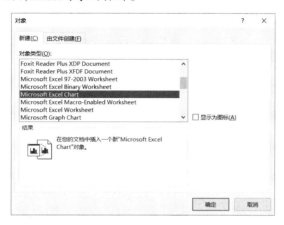

图11-2｜插入对象的对话框

2. 制作流程图

如果需要在数据分析报告中制作流程图，可以直接使用Word中的SmartArt功能进行快速制作。其方法如下：在【插入】/【插图】组中单击"SmartArt"按钮 🖼，打开"选择SmartArt图形"对话框，在其中可根据流程图的结构选择不同类型的SmartArt图形对象，如图11-3所示。单击 确定 按钮后，可进一步利用"SmartArt工具"选项卡对SmartArt图形进行设置。

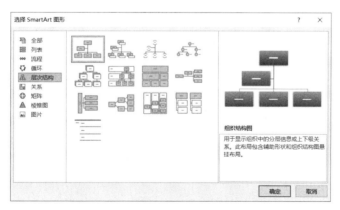

图11-3｜选择需要插入的SmartArt图形

👤 任务实施

此数据分析报告中的文字和流程图默认在Word中创建，表格和图表默认在Excel中创建，然后复制到Word中。下面仅展示报告各部分的主要内容。

1. 制作企业简介

立华公司是集销售和服务于一体的专业平板电脑经销商，其商品涵盖平板电脑、平板电脑电源和耳机等。立华公司拥有专业的进货渠道，是众多平板电脑品牌的特约经销商。秉承"消费者至上·商品完美"的企业理念，立华公司已经在20个城市开设实体店，为千万消费者带来了高质量、高性能的平板电脑及其配件。针对新时代消费者群体，立华公司在原有的20个城市中的实体店配备了完善的渠道营销网络和售后服务分支机构，为消费者提供专业的售后服务。为了顺应网购的大潮流，2022年，立华公司准备进驻互联网，组建立华平板商城，同时打算在淘宝网或者天猫上开设网上旗舰店，服务更多的消费者。

2. 编写报告目标

立华公司关于开设网店存在以下两点疑虑。

（1）销售什么商品？

（2）选择在淘宝网还是天猫开店？

3. 编写报告流程

编写报告流程就是数据分析报告的数据分析流程。首先在淘宝网和天猫两个平台上找到销售量前10名的网店，采集这10家网店销售的商品类目和品牌数据。然后分别对各商品类目和品牌的成交量和销售额进行分析，找出最佳商品类目和最佳商品品牌。最后，对销售量前10名的网店所对应的电子商务平台（淘宝网和天猫）进行分析，找出最佳销售平台。数据分析报告的流程图如图11-4所示。

图11-4｜数据分析报告的流程图

4. 采集数据

立华公司选择的电子商务平台主要是阿里巴巴旗下的淘宝网和天猫，因此相关数据的采集建议如下。

（1）制作数据分析报告时使用的数据应主要来自淘宝网和天猫两个平台，可以通过阿里巴巴的专业数据统计工具生意参谋获取。

（2）采集的数据主要是淘宝网和天猫两个平台中销售量前10名的网店的商品类目和品牌。

5. 展示报告中的数据

立华公司的业务主要涉及平板电脑、平板电脑电源、耳机等与平板电脑相关的商品，因此可以将采集的数据按该行业的类目进行分类整理，并加以展示。

（1）商品类目展示的内容是对销售量前10名的网店进行数据采集后，按商品类目进行排序并分类汇总后的数据，主要包括标准类目、成交量及销售额，如图11-5所示。

	A	B	C	D
1	标准类目	成交量/笔	销售额/元	
2	保护套	797	49291	
3	电源	47	3367	
4	平板电脑	3399	5772996	
5	耳机	401	17479	
6	数据线	3	362	
7	保护膜	376	11142	
8				

图11-5 | 与平板电脑相关的商品类目

为商品类目中的成交量与销售额创建图表，效果分别如图11-6和图11-7所示。

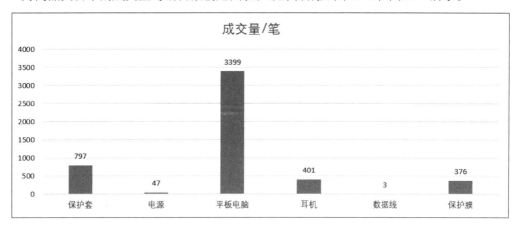

图11-6 | 平板电脑及相关配件的成交量

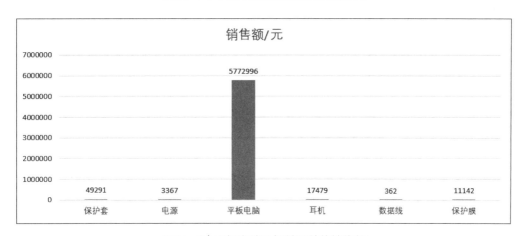

图11-7 | 平板电脑及相关配件的销售额

（2）平板电脑品牌展示的内容主要包括标准品牌、成交量和销售额，如图11-8所示。
为各品牌的成交量与销售额创建图表，效果分别如图11-9和图11-10所示。

标准品牌	成交量/笔	销售额/元
A品牌	2068	4411176
B品牌	150	465749
C品牌	727	339145
D品牌	137	275781
E品牌	129	112108
F品牌	54	64962
G品牌	13	32344
H品牌	79	28067
I品牌	10	26881
J品牌	32	16783

图11-8｜平板电脑品牌

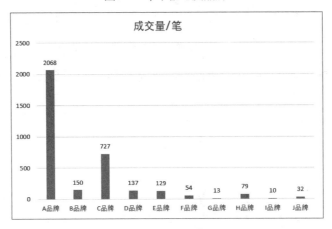

图11-9｜平板电脑不同品牌的成交量

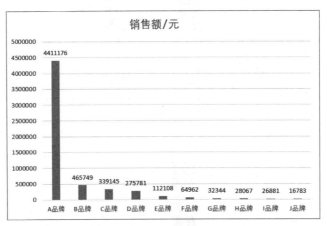

图11-10｜平板电脑不同品牌的销售额

（3）立华公司主要是在淘宝网和天猫中选择销售平台，这两个销售平台展示的数据如图11-11所示。

平台	成交量/笔	销售额/元
淘宝网	3591	5421006
天猫	1083	604869

图11-11｜平板电脑的销售平台数据

为两个销售平台的成交量与销售额创建图表，效果分别如图11-12和图11-13所示。

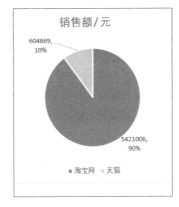

图11-12｜两个销售平台的平板电脑成交量　图11-13｜两个销售平台的平板电脑销售额

6. 分析图表数据

数据分析的意义在于企业可以通过数据分析报告判断市场的动向，从而制订合适的生产与销售计划。下面就根据数据展示的内容，对相关数据进行分析。

（1）商品类目

通过对商品类目数据的分析，我们可以了解市场上各种商品的成交量和销售额。

① 成交量

通过柱形图可以知道，在网店的众多商品类型中，平板电脑的成交量位列第一，因为大部分消费者进入网店，第一需求就是平板电脑。

成交量排名第二的是平板电脑的保护套，因为保护套不仅可以保护平板电脑外壳不受磨损，其多样的外观还可以美化平板电脑，这对于作为平板电脑主要消费者群体的年轻人而言具有强大的吸引力，其售价也比较低廉。

成交量排名第三和第四的是耳机和保护膜，这两种商品属于平板电脑的必需品，加上其低廉的价格，所以也拥有较高的成交量。

而电源和数据线属于平板电脑的标配，随平板电脑一起出售，又不属于快消品，所以成交量较低。

② 销售额

平板电脑以绝对优势占据商品类目销售额第一的位置。其他商品类目都属于平板电脑的附属配件，价格远低于平板电脑，而平板电脑由于单价高于其他商品类目，其成交量也远远大于其他商品类目，所以销售额最高。

（2）商品品牌

分析商品品牌的成交量和销售额，可以帮助企业认识所销售的品牌，并确定主要的销售品牌。

① 成交量

通过图11-9可知，A品牌的平板电脑成交量以绝对优势名列第一，这与A品牌的品牌价值密切相关。在当前的平板电脑市场中，提到平板电脑，大部分消费者的第一反应是A品牌的平板电脑商品。极高的品牌价值使得A品牌平板电脑拥有大量的消费者群体。

成交量排名第二的C品牌和第三的B品牌都是国产平板电脑的领头羊，它们都拥有精良的技术和不错的性价比，这也使得它们可以在平板电脑市场占有一席之地。

D品牌之所以排名第四，是因为大部分消费者对于该品牌的认知还停留在笔记本电脑上，对于其平板电脑的认可度还不是很高。E品牌的平板电脑与D品牌类似，也因为品牌知名度不高而成交量较低。

② 销售额

由图11-10可知，A品牌的销售额最高，因为其价格相较于其他品牌的平板电脑更高，再加上较高的成交量，使得A品牌平板电脑的销售额名列第一。C品牌因为较高的成交量和适中的销售价格，成为销售额第三的平板电脑品牌。

在成交量排名中，C品牌的成交量要大于B品牌的成交量，但是其销售额低于B品牌，这主要是因为C品牌商品的平均单价低于B品牌。

其他品牌的平板电脑因为成交量不高，同时价格不高，所以销售额较低。

③ 销售平台

由图11-12和图11-13可知，无论是成交量还是销售额，淘宝网都要比天猫高。

7. 得出报告结论

通过以上的数据分析，我们可以得出以下3点建议。

（1）商品类目

如果立华公司比较看重商品类目的成交量，那么主营类目首先应考虑的是平板电脑。保护套也是部分消费者在购买平板电脑时必买的商品类目，所以立华公司也应该将保护套作为重点考虑的商品类目。而耳机、保护膜也都有较高的成交量，立华公司也可以将其纳入考虑范围。

如果立华公司比较看重商品类目的销售额，那么主营类目首先应考虑的也是平板电脑，因为平板电脑的价格远远高于其他商品类目。通过图11-5还可以看到，保护套和耳机也能带来一定的销售额，所以立华公司可以将这两种商品类目纳入考虑范围。

（2）品牌选择

A品牌由于具有强大的品牌实力，在平板电脑的消费者群体中拥有很高的品牌形象认知度，所以其成交量和销售额都比其他平板电脑品牌高很多。因此立华公司应该将A品牌作为重点考虑品牌。

如果立华公司更看重平板电脑的成交量，那么除了A品牌之外，还可以将C品牌作为考虑对象。

如果立华公司比较看重平板电脑的销售额，通过图11-10，可以看到B品牌是除了A品牌之外带来最高销售额的品牌，所以立华公司还可以将B品牌列为重点考虑对象。

（3）销售平台

通过对比淘宝网和天猫的销售平台数据可知，淘宝网拥有更强的销售能力，所以立华公司应该将淘宝网作为第一考虑的销售平台。

项目实训——制作针对客户流失的数据分析报告

数据分析报告中，除了从整体上分析电子商务领域、行业、网店运营状况的报告外，还有针对某一问题进行分析的报告。某些电子商务企业在经营过程中出现问题后，内部无法解决时，就可能会请专业人士或机构进行分析。本实训将以某个电子商务企业为例，该企业通过不断提升客户等级来给予客户更多福利的途径进行客户维护。下面从第三方数据分析机构的角度出发，帮助该企业分析客户流失的原因并形成报告，带大家通过练习进一步拓展数据分析报告的制作思路和分析方法。

【实训目标】

（1）分析客户流失的原因，比较群体差异。

（2）关注付费客户流失的原因，分析流失状态。

【实训要求】

通过数据调研，从多个维度分析和挖掘客户流失的原因，比较流失客户群体与留存客户群体的主要差异。首先关注当日流失和7日流失对评级的影响；其次关注付费客户的流失原因，分析流失状态，并对回流客户的特点进行分析，思考如何通过精准投放来提高流失客户的召回率。

由此，可以将整个数据分析报告的内容分为三大部分，其中第一部分为"新注册客户流失分析"，第二部分为"付费流失客户与留存客户群体差异分析"，第三部分为"回流客户分析"。然后细化这三大部分的分析内容，最后将分析结果进行整合。

【实训步骤】

（1）新注册客户流失分析。企业可通过留存率曲线来定位问题时间节点，留存率曲线如图11-14所示。当日注册、次日留存为11.07%；从曲线斜率来看，注册后的前11天，客户流失比例比较大，11天后渐趋平稳。

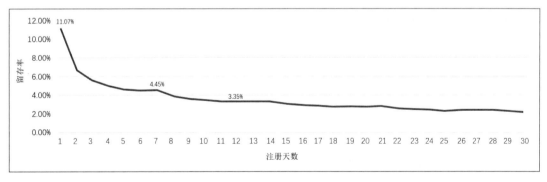

图11-14 | 新注册客户留存率曲线

图11-15和图11-16分别为客户在不同天数的等级分布趋势和11天等级停滞模型。

注：等级停滞率=停留于该等级客户数/达到过该等级总客户数，该指标可以去掉低等级客户数对高等级客户数的基数影响。

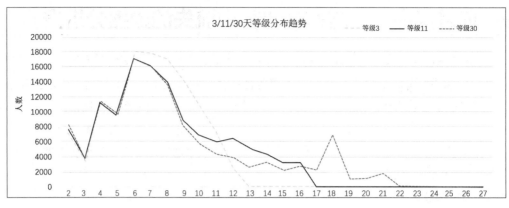

图11-15 | 客户在不同天数的等级分布趋势

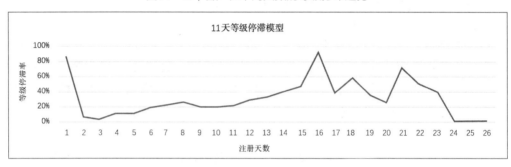

图11-16 | 11天等级停滞模型

从图11-15和图11-16可以看出，16级应该是客户在正常情况下可以达到的高度。高等级客户较少，其统计值比较高，可以忽略；而1级客户基本是新注册客户，其首日流失率过高，造成曲线高点，也可以忽略。因此，除了高等级和低等级客户外，该企业的绝大部分客户从维护效果来看还算平稳。

此外，如果遇到中间等级有不正常的过高比例的等级停滞，则可以从对应等级的消费模型系统中找出各个关键指标的数据，如交易频率、交易金额、交易内容等，以确定问题所在，继而做出有效的跟踪维护和调整。

（2）新注册客户流失总结与建议。在新注册前11天内，客户流失主要集中在首日和次日。客户第一次或前几次的购物体验过程可以视为适应阶段。客户对商品的初步体验不佳是其流失的重要原因，此外还包括账号的注册过程不便、购物平台的设计风格与客户审美不符、新手的引导方法不详细、商品的种类和质量让客户不满意等原因。

（3）针对首日留存率过低提出建议。第一，要进行合理的客户群体定位，推广时要符合目标客户的预期，吸引精准的流量。第二，客户购物体验不佳（如不能轻松找到目标商品，或商家推荐不适合的商品等），会造成客户流失，因此重点应该放在提升购物体验上。第三，企业可以通过相应设计，营造出购物时的轻松与愉快氛围。

（4）付费流失客户与留存客户群体差异分析。付费客户可以通过付费快速提高等级，享受相应的购物权利。这类客户的流失分析仍以10月最后一次登录后30天内没再登录的客户作为研究样本，特征为流失前7天的行为数据；取11月和12月一直活跃的付费客户为参照群体，即留存客户群体。图11-17所示为付费流失客户的等级分布与VIP分布情况。

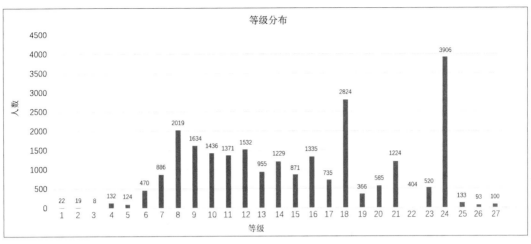

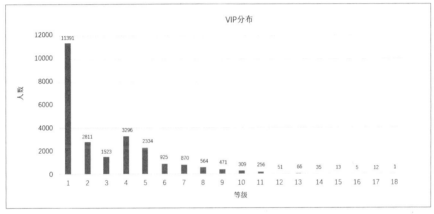

图11-17 | 付费流失客户的等级分布与VIP分布情况

由图11-17可以看出，流失的VIP客户集中在VIP 1～5级这一部分，约占总付费流失客户的81.4%；流失客户的等级集中分布在8～12级、18级和24级。接下来，主要分析VIP 1～5级这部分付费流失客户。

分析图11-18，通过等级分布与差异对比可以发现，流失客户的18级、24级分布与留存相符合，而在7～12级差异较大，这说明18级、24级是该企业电子商务运营的正常跨度难点，该难点也是客户流失的一个原因。

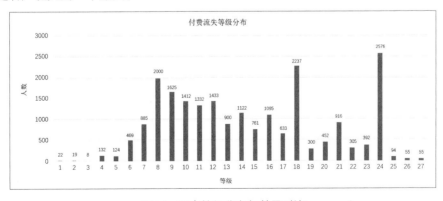

图11-18 | 等级分布与差异对比

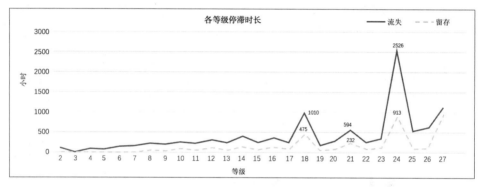

图11-18 | 等级分布与差异对比（续）

此外，图11-19给出了两类群体的等级停滞时长差异，从中可以看出流失客户提升等级的速度也普遍低于正常留存客户。

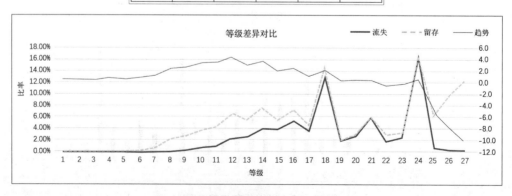

图11-19 | 等级停滞时长对比

通过图11-18可以发现，7～12级客户流失率高，其中约72%的客户是在7日内注册的新客户。减去注册7日以内的客户后重新画出流失与留存的差异图，发现两者的等级差异并无太大区别，如图11-20所示。

注册后天数	人数	占比	注册后天数	人数	占比
0	2133	20.6%	8	229	2.2%
1	1360	13.1%	9	163	1.6%
2	939	9.1%	10	163	1.6%
3	851	8.2%	11	113	1.1%
4	639	6.2%	12	103	1.0%
5	509	4.9%	13	130	1.3%
6	389	3.8%	14	101	1.0%
7	330	3.2%	15	85	0.8%

图11-20 | 客户注册统计与等级差异对比

付费客户与新客户在前7日的主要流失原因是相同的，尤其是前3日付费流失客户约占一半的比例。

（5）VIP 1～5级流失与活跃战力（留存且在一定时期内仍在消费，即活跃度）差异对比。假设该企业客户升级的主要参考属性是购买力，所以从购买力角度去分析付费流失客户与留存客户的差异，发现客户在低购买力（1～4）时流失的情况占多数；同时，从高购买力（25～50）分布来看，流失略低于留存客户，这是低购买力流失客户过多造成的，应属正常现象，如图11-21所示。

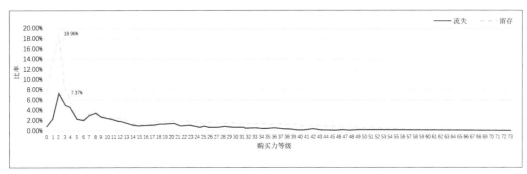

图11-21 | 流失与活跃战力差异对比

（6）VIP 1～5级流失-活跃差异对比。以活跃为基准线，绘制VIP 1～5级流失客户的参与电子商务平台22种购物活动的差异比例曲线，如图11-22所示。其中，wf2为参与"每日精选"活动的次数，wf10为参与"购立送"活动的次数，wf12为参与"精品推荐"活动的次数。总体来看，付费流失客户对各种活动的参与率都低，其中，对"每日精选"活动的参与度最低，主要原因是流失客户有很大一部分是新注册的，对该企业的体验感尚未足够。此外，对"精品推荐"活动的参与度，流失客户与活跃客户相差最小，原因是该活动对所有客户的吸引力都不足。

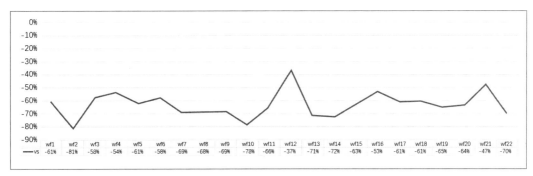

图11-22 | 流失与活跃客户的活动参与度对比

（7）付费客户流失分析总结。从对付费流失客户的等级、购买力、活动参与度等维度的分析来看，付费流失客户主要在VIP 1～5级，而且大部分是7～12级的客户，这符合在第一部分分析的新注册客户流失特征，也就是适应时期的客户流失多为7日内流失的情况。客户网购最看重的还是购物体验，但前期低等级客户由于权限、购买力等各种因素，无法获取完整的购物体验，造成客户一开始的购物体验就不是很好，这是客户流失的主要原因。

（8）回流客户分析。回流指7日及7日以上未登录的客户在样本周重新登录。以10月第一周的回流客户为样本分析，客户新鲜度（注册时长）分布如图11-23所示。

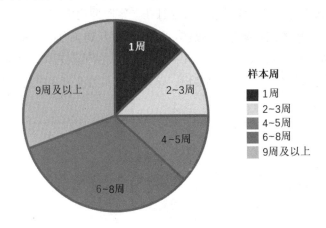

图11-23 | 客户新鲜度分布

图11-23中，6~8周和9周及以上的回流客户占据了超过50%的比例，说明该企业有独特的优势能够吸引部分客户。最后，根据其他的数据可知，回流客户中付费客户约占20%，整体来说客户价值比较大，并且这类客户的质量也比较高。

以上即该企业客户流失的数据分析报告的所有内容。形成报告时，只需划分层次，以三大部分的概述为一级标题，然后根据内容进行细分，使整个报告的结构更加清晰、可读性更强。

思考与练习

（1）有人认为，数据分析报告不需要一步步推演让对方了解结论的严谨性，而应该讲究沟通的效率，通过简洁的报告让对方很快了解自己想要表达的最终结论。假设某网店需要你为他们分析流量指标突然下降的原因和解决的方法，结合上述观点，你会按照什么步骤来制作该数据分析报告？

（2）请采集某网店的流量和销售数据，制作一份数据分析报告，分析网店的整体运营情况，并提出能够改善网店业绩的建议。

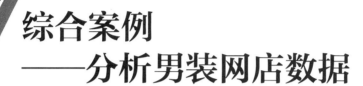

综合案例
——分析男装网店数据

项目十二

● 学习目标

◆ 熟悉网店数据化运营的一般流程。

◆ 掌握网店数据化分析的基本方法。

● 素养目标

◆ 能够系统地了解和熟悉网店数据化运营的方法。

◆ 能够对网店各方面的数据进行分析并找到问题所在。

引导案例

小童有一定的电子商务运营经验，前不久遇到一个机会，可以直接借用别人的皇冠级网店来做买卖，前提是只能经营这家网店的商品。双方前前后后谈判了数次，最后成功签订了合同。之后小童花了大半个月的时间上新、选款、装修、策划优惠活动、买赠品、联系物流等。这家网店拥有1万多位会员，小童也在会员营销上做了一番努力，希望通过这一系列操作，在接手前期好好地冲一下销量。

然而网店每天只有100多位访客，他们没有进行商品加购或收藏，甚至没有客户主动与客服进行交流沟通。特意制定的会员唤醒措施也没有效果，更严重的是，小童尝试搜索自己主推商品的关键词，结合商品的品牌和网店名称，结果在前50页都没有找到自己的商品。

后来，小童翻看了这家网店的历史交易记录，发现这家网店之前一直都在经营，并不符合合同方所说的闲置情况。继续分析后发现，这家网店的淘宝DSR评分是"4.0（商品）、4.0（服务）、5.0（物流）"，小童推测应该是评分低影响了网店排名，最后便逐渐失去了流量。

同电子商务行业的其他朋友交流后，小童得到的建议是，皇冠级网店并非更有优势，网店要想获得发展，必须依赖合理且持续的运营，小童从新店开始经营，未必就没有好的机会。

小童也下定决心，与对方充分地沟通交流后，得到对方的谅解，解除了合同，重新开了一家新店，并运用自己的经验和数据化运营思路，逐步把网店做了起来，慢慢地又看到了希望……

小童一开始错误地将皇冠级网店当作经营的捷径，却忽视了网店当前数据表现的重要性；在会员管理方面未准确分析网店会员的真正需求，使得会员营销没有达到预期的效果；在网店数据优化方面也做得不够好，导致网店运营不仅没有收到成效，反而越来越差……这些都是导致她失败的原因。网店经营是一个不断优化的过程，商家只有在充分了解市场、行业、网店现状的基础上不断尝试和调整，才能让网店茁壮成长。

任 务 一 分析网店主营商品

任务概述

小芸是一位计划进入男装行业的商家，她以前在实体市场有过一定的销售经验，对潮流、设计、销售等都有一定的见解。现在她想在淘宝网上开设一家男装网店，选择一个既适合自己经营，又能迎合市场需求的类目。

任务实施

1. 分析行业大盘

基于综合货源稳定程度、价格优势和业务熟悉程度等多个因素，小芸最终将目标定为牛仔裤和西裤这两个男装子类目。但受限于前期资金问题，小芸需要进一步在这两个子类目中做出取舍，于是她准备借助生意参谋来分析行业大盘数据，其具体操作如下。

微课视频

分析行业大盘

（1）设置时间。登录生意参谋，单击"市场"选项卡，将时间设置为"月"。

（2）查看指标。分别查看"男装/牛仔裤"类目和"男装/西裤"类目的市场数据情况，对比这两个类目的搜索人气、搜索热度、访问人气、浏览热度、收藏人气、收藏热度、加购人气、加购热度、客群指数（选定时期内，支付成交客户数指数化后的指标，该指数越高，支付的客户数越多）和交易指数等指标，如图12-1所示。小芸通过对比后发现，男装牛仔裤类目的这些核心指标在选定时期内的数据都比男装西裤类目要好许多，这说明男装牛仔裤类目在电子商务领域的市场比男装西裤类目更大。于是小芸初步决定选择男装牛仔裤类目作为自己的主营类目，接下来需要对该类目的变化趋势进行分析。

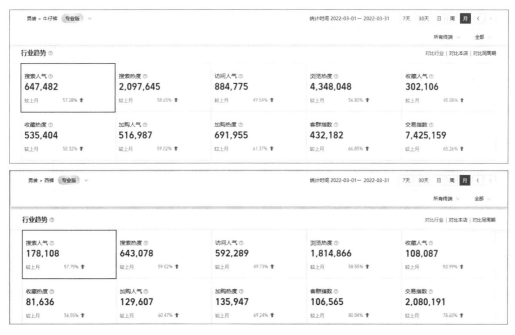

图12-1 | 男装牛仔裤与男装西裤的指标对比

2. 分析行业趋势

小芸在生意参谋中将"男装/牛仔裤"类目最近12个月的十大指标采集到Excel中，以便分析出该类目全年的变化趋势，其具体操作如下。

微课视频

分析行业趋势

（1）创建数据透视表。打开"十大指标.xlsx"素材文件（配套资源：素材\项目十二\任务一\十大指标.xlsx），以表格数据为数据源创建数据透视表，分别将"时间"字段和"访问人气"字段添加到"行"区域和"值"

区域中。

（2）创建数据透视图。在数据透视表的基础上创建数据透视图，选择类型为柱形图，并适当进行美化，如图12-2所示。可以看到，2月和7月为该行业的淡季，10月和11月为旺季，其他月份的访问人气指数都高于85万，全年最低也高于75万。后期可以采集近几年的数据来进一步验证该行业是否具有这样的变化趋势。

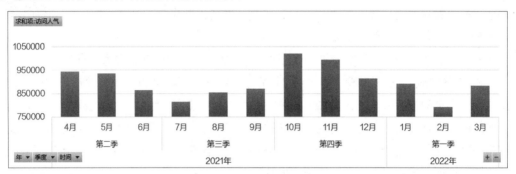

图12-2 | 对比男装牛仔裤各月访问人气

（3）调整数据透视图。在数据透视表"值"区域中删除"访问人气"字段，重新将"客群指数"和"交易指数"字段添加到"值"区域，将图表类型设置为组合图，其中客群指数为次坐标轴的折线图，交易指数为柱形图，如图12-3所示（配套资源：效果\项目十二\任务一\十大指标.xlsx）。由图12-3可知，销售旺季客群指数超过了55万，销售淡季的客群指数近20万，这说明该行业在旺季时的转化效果更好。另外，从交易指数的角度来看，男装牛仔裤类目的淡旺季差别不大，商家可以通过运营来把控全年的交易效果。

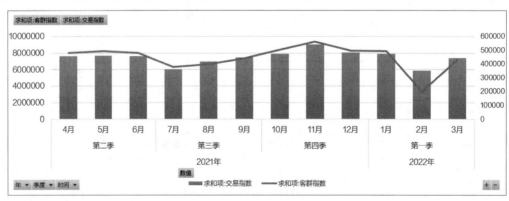

图12-3 | 分析客群指数和交易指数

任务二 分析商品价格

任务概述

为了了解男装牛仔裤类目的商品价格情况，小芸需要到淘宝网中查看并采集各种与价格相关的数据，以便进行商品定价。

任务实施——计算理论价格和促销价

（1）查看热门价格区间。登录淘宝网，搜索"牛仔裤男"，发现有30%的客户青睐68元以下的商品，有60%的客户青睐68～168元的商品，有9%的客户青睐168（不含）～508元的商品，有1%的客户青睐508元以上的商品，如图12-4所示。

| 淘宝 Taobao | 宝贝 ∨ 牛仔裤男 | 搜索 | 在结果中排除 请输入要排除的词 | 确定 |

| 综合排序 | 销量 | 信用 | 价格 | 68.00 | - | 168.00 | | 发货地∨ | ⋮⋮ | ≡ | ‹ 1/100 › |

□ 包邮　□ 赠送退货运险　□ 新品　□ 公益宝贝　□ 二手　□ 天猫　□ 正品保障　□ 7+天内退货　□●商品　　更多∨　　合并同款宝贝

图12-4｜男装牛仔裤的各价格区间

（2）计算理论价格。综合商品质量、成本和其他因素，小芸决定将自己的商品价格划入受60%的客户青睐的价格带中，即68～168元这个区间。然后利用黄金价格点公式计算出理论上的最好价格，即商品价格=68+（168−68）×0.618=129.8（元）。

（3）采集价格数据。在淘宝网上搜索与主推商品属性相关的关键词，如"牛仔裤男2022新款潮流"，在默认的综合排序方式下，逐一访问与自己商品类似的排在前50名的商品的数据，将每件商品对应的发布价和销售价采集到Excel中（配套资源：素材\项目十二\任务二\商品定价.xlsx）。

（4）计算促销价。在Excel中汇总所有发布价和促销价，用促销价之和除以发布价之和得到折扣率为0.562，如图12-5所示（配套资源：效果\项目十二\任务二\商品定价.xlsx）。接着用前面确定的理论价格乘以折扣率，即129.8×0.562 ≈73（元）。按照尾数定价法，最终确定主推商品的发布价为129.8元，促销价为72.8元。

D2		× ✓ fx =SUM(C2:C51)/SUM(B2:B51)			

	A	B	C	D	E
1	序号	发布价/元	促销价/元	折扣率	
2	1	169	139.9	0.562	
3	2	138	69		
4	3	129	99.9		
5	4	138	69.9		
6	5	158	79		
7	6	399	98		
8	7	160	78		
9	8	238	139		
10	9	140	99		
11	10	269	139		
12	11	152	137		
13	12	238	118		

图12-5｜计算折扣率

任务三 分析网店流量

任务概述

手机购物是目前主流的网购方式，小芸也比较重视无线端的网店运营工作，积极参与并策划各种经营活动，使得网店在初期就有了比较可观的流量。为了进一步掌握流量的结构，及时发现其不足之处，小芸开始借助生意参谋进行分析。

任务实施

1. 分析流量结构

微课视频

分析流量结构

为了找到优质的流量来源，改善其他目前效果不太乐观的流量来源，小芸需要对网店的整体流量结构和细分流量结构进行分析，其具体操作如下。

（1）采集数据。在生意参谋中单击"流量"选项卡，选择左侧列表中的"店铺来源"选项，将日期设置为"30天"，将流量入口设置为"无线端"，将网店的流量数据采集到Excel中（配套资源：素材\项目十二\任务三\流量来源.xlsx）。

（2）分析总体流量。以总体流量来源和访客数为数据源创建柱形图，适当设置并美化图表，如图12-6所示。从图表数据来看，付费流量、淘内免费和自主访问是网店最主要的流量来源，但付费流量来源的访客数最多，对网店经营成本有一定的影响。后期可以更多地开发淘内免费和自主访问的渠道，以获取更多优质的流量。

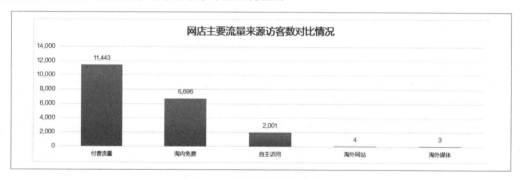

图12-6｜总体流量来源对比

（3）分析付费流量。付费流量是网店的主要流量来源，下面对其细分流量进行分析，分别创建付费流量访客数占比和下单买家数占比的饼图，如图12-7所示。由图12-7可知，直通车是付费流量中的主要流量来源，无论访客数占比还是下单买家数占比都遥遥领先；引力魔方的访客数占比为6.63%，但没有下单买家数；淘宝联盟的访客数占比为0.24%，下单买家数占比为6.25%，这说明淘宝联盟的引流效果比引力魔方更好。

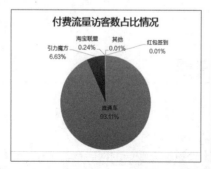
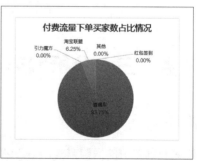

图12-7｜付费流量数据对比

2. 分析流量转化情况

微课视频
分析流量转化情况

通过上述操作可以了解各流量来源的引流情况，下面需要进一步了解各流量来源的转化情况，其具体操作如下。

（1）计算下单转化率。利用“下单转化率=下单买家数/访客数”创建并计算“下单转化率”项目，如图12-8所示。

总体					付费流量		
流量来源	访客数	下单买家数	下单转化率		流量来源	访客数	下单买家数
付费流量	11,490	96	0.84%		直通车	10,698	90
淘内免费	7,379	208	2.82%		引力魔方	762	0
自主访问	2,200	200	9.09%		淘宝联盟	28	6
淘外网站	4	0	0.00%		其他	1	0
淘外媒体	3	0	0.00%		红包签到	1	0

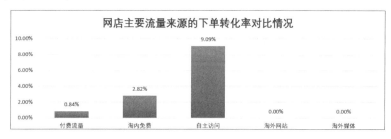

图12-8 | 计算各流量来源的下单转化率

（2）创建图表。以流量来源和下单转化率为数据源创建柱形图，适当设置并美化图表，如图12-9所示（配套资源：效果\项目十二\任务三\流量来源.xlsx）。由图12-9可知，下单转化率最高的流量来源是自主访问，因此小芸需要继续加大力度对该渠道进行开发，以吸引更多的流量，确保更多的下单量。

图12-9 | 分析流量来源的转化效果

任务四 分析网店运营数据

任务概述

当需要对网店进行优化改善时，需要利用网店的运营数据进行分析，这样才能有针对性地采取有效措施。小芸也希望利用生意参谋来诊断网店运营情况，重点分析成交转化率，优化搜索关键词。

任务实施

1. 诊断网店运营情况

微课视频
诊断网店运营情况

下面将分别利用生意参谋的“首页”功能和“交易”功能，对网店的运营和交易情况进行诊断，其具体操作如下。

（1）诊断运营情况。单击生意参谋的“首页”选项卡，将时间设置为

"周"，查看网店最近一周各项指标的数据及趋势图，如图12-10所示。由图12-10可知，网店最近一周的整体运营情况的效果并不好，无论与上周还是与去年同期相比，绝大部分指标的数据是下降的。从趋势图来看，最近12周行业的变化趋势与网店的变化趋势从整体来看是大致相符的（变动大但缓慢上升）。

图12-10│诊断网店运营情况

（2）分析交易情况。单击生意参谋的"交易"选项卡，查看网店实时交易情况，如图12-11所示。由图12-11可知，除客单价以外，网店其他与交易相关的重要指标的数据都呈下降趋势，这说明交易与转化效果不太理想。具体来看，访客数、下单买家数、支付买家数都在减少，对应的下单金额和支付金额自然也会减少。就转化率而言，虽然下单到支付这个环节的转化效果不错，但下单转化率过低，影响了网店的整体转化效果。

图12-11│分析各项交易及转化数据

2. 优化搜索关键词

为了提升网店引流效果，改善网店目前的运营状况，小芸将重点分析搜索关键词，希望能够找到一些适合自己商品的关键词，以便获得更多的流量，其具体操作如下。

微课视频

优化搜索关键词

（1）查看搜索排行。单击生意参谋的"市场"选项卡，选择左侧列表中的"搜索排行"选项，设置类目为"男装/牛仔裤"，设置时间为最近30天，此时可以看到对应的搜索词排行，如图12-12所示。由图12-12可知，这些热门搜索词都是该类目下比较普遍的搜索词。

图12-12｜男装牛仔裤的搜索词排行

（2）分析长尾词和修饰词。分别单击"长尾词"选项卡和"修饰词"选项卡，查看对应的热门搜索词排行，如图12-13所示。结合商品的特点和这些热门的搜索词，便可以找到并设计出更容易吸引流量的商品标题。

图12-13｜男装牛仔裤热门的长尾词和修饰词

任务五 分析网店利润

任务概述

经过一段时间的运营，小芸的网店开始步入正轨，不仅有较为稳定的销量，而且也开始赢利了。小芸将近期运营过程中的各项成本数据和销售数据整理到Excel中，尝试计算并预测网店的利润。

任务实施——统计成本并计算利润

小芸首先需要根据指定的销售目标预测未来几周的成本数据，然后计算

微课视频

统计成本并
计算利润

利润情况，其具体操作如下。

（1）整理数据。将网店最近几周的成交金额、商品成本、推广成本和固定成本等数据采集并整理到Excel中（配套资源：素材\项目十二\任务五\预测利润.xlsx）。

（2）预测成本。选择C8:E13单元格区域，在编辑栏中输入"=TREND(C2:C7,B2:B7, B8:B13)"，按【Ctrl+Enter】组合键，如图12-14所示。

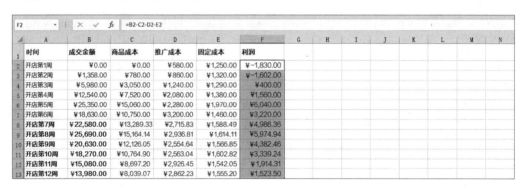

图12-14｜预测各项成本数据

（3）计算利润。选择F2:F13单元格区域，在编辑栏中输入"=B2-C2-D2-E2"，按【Ctrl+Enter】组合键，如图12-15所示（配套资源：效果\项目十二\任务五\预测利润.xlsx）。由图12-15可知，未来几周网店利润会开始下降，小芸应加强在运营过程中对各方面成本的控制，同时也可以想办法增加流量和交易量。

图12-15｜计算每周利润数据

项目实训——通过数据化运营探寻中老年男装市场

小王准备在淘宝网上开店，涉及的行业为中老年男装。本实训将利用所学的知识，帮助小王分析中老年男装市场的情况，让他能够对该行业有更全面的了解。

【实训目标】

（1）分析中老年男装市场行情。

（2）分析中老年男装行业的竞争情况。

【实训要求】

（1）通过对市场容量、市场发展趋势、市场潜力和行业集中度的分析，了解中老年男装市场的基本情况。

（2）利用生意参谋监控当前中老年男装市场排名靠前的几家网店，分析这些网店在近30天的发展趋势和热销商品。

【实训步骤】

（1）在生意参谋中采集近一年中老年男装各子行业的交易指数和支付金额较父行业占比数据，创建饼图以分析市场容量。

（2）分别利用各子行业近一年的交易指数创建折线图，查看各子行业一年的发展趋势，认清市场的淡季和旺季。

（3）采集近一年中老年男装各子行业的父行业商家数占比数据，利用蛋糕指数创建雷达图，分析各子行业的市场潜力。

（4）采集中老年男装行业排在前50位的网店及其交易指数，通过计算行业集中度来了解行业的竞争情况。

（5）监控排在前3位的中老年男装网店，重点分析这些网店近30天的发展趋势、热销商品、高流量商品以及入店来源情况，借鉴其中有价值的信息，为后期开店做好准备（配套资源：素材\项目十二\项目实训\市场容量.xlsx、市场发展趋势.xlsx、市场潜力.xlsx、行业集中度.xlsx；效果\项目十二\项目实训\市场容量.xlsx、市场发展趋势.xlsx、市场潜力.xlsx、行业集中度.xlsx）。

思考与练习

（1）实训中当小王了解市场行情和竞争情况后，你可以给他哪些关于电子商务运营的建议？

（2）请根据上一题给出的建议进行相应的数据分析，如流量、关键词、交易、转化等。